日本で唯一の
パーソナルフェイストレーナーが教える

小顔

木村祐介

ワークアウト

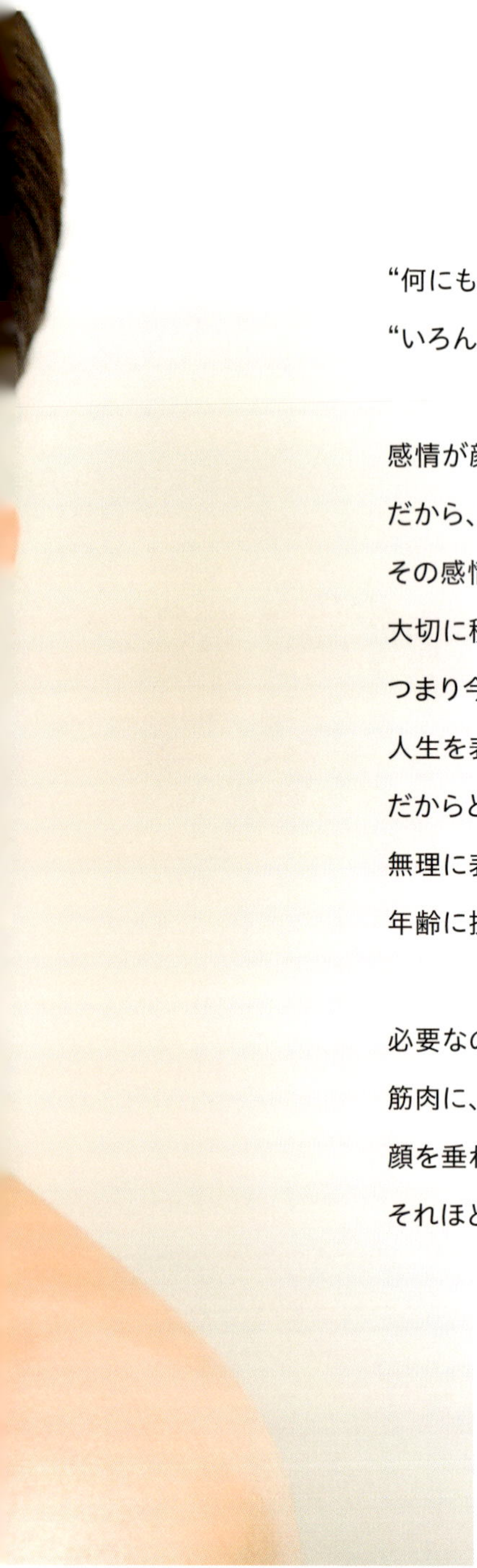

PROLOGUE

“何にもしてないのに最近たるんできた”は美の放棄。

“いろんな経験を積んで重ねてきた笑いジワ”は美の財産。

感情が顔に出る。

だから、顔の筋肉を表情筋と呼びます。

その感情は、生きてきたルーツや、

大切に積み重ねてきた経験の中で育まれたもの。

つまり今の貴方の顔は、これまでの

人生を表しているということ。

だからといって、笑顔がシワを作るから……と

無理に表情を制限する必要もないし、

年齢に抗うこともありません。

必要なのは、ちょっとした「意識」。

筋肉に、姿勢に、表情に、自分に「無意識」でいることは

顔を垂れさせるし、シワも刻むし、大顔を作る。

それほどまでに、「無意識」は罪深いもの。

美を追い求める人は、毎日が進化に感じるはず。
美を諦めた人は、毎日が退化に感じるはず。
長い人生どちらが楽しいかは人それぞれ。
無理をする必要はないし、どちらを選んでも
それは貴方らしい人生だと思う。
だけど、ちょっとした意識の違いで、
1年後、5年後、そして10年後の美しさに、
大きな差をつけてしまう。
そんなの、もったいないと思いませんか？

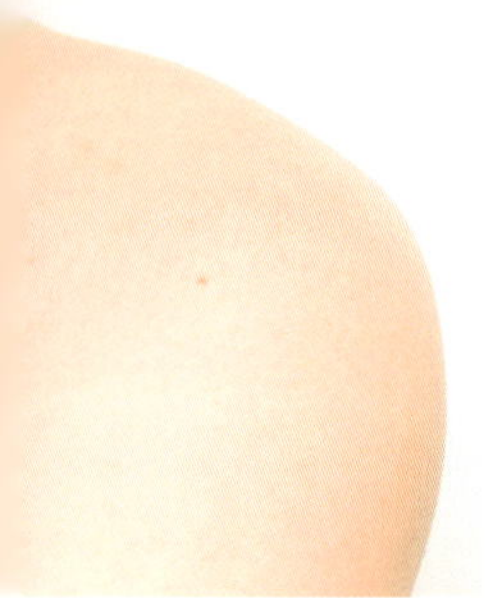

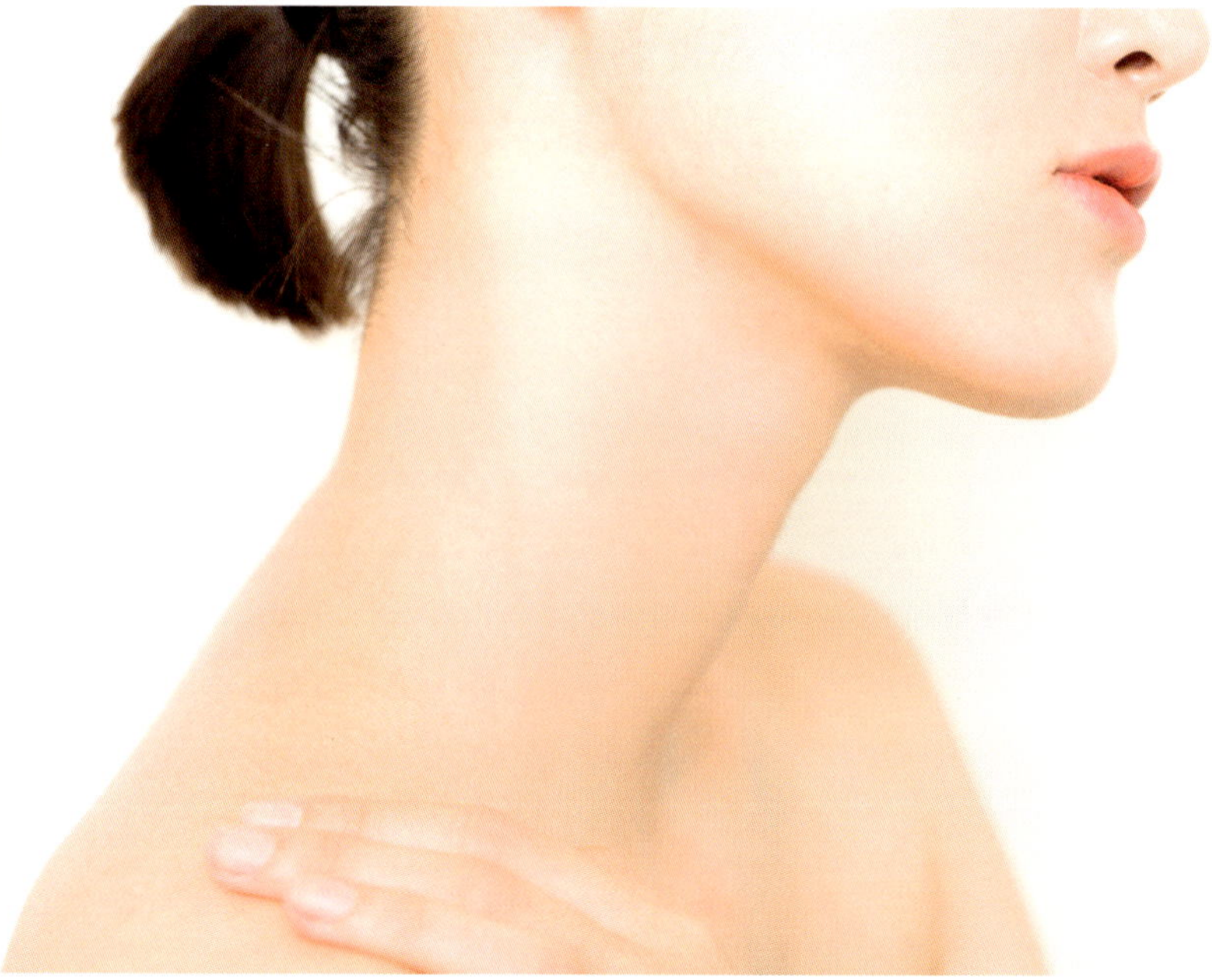

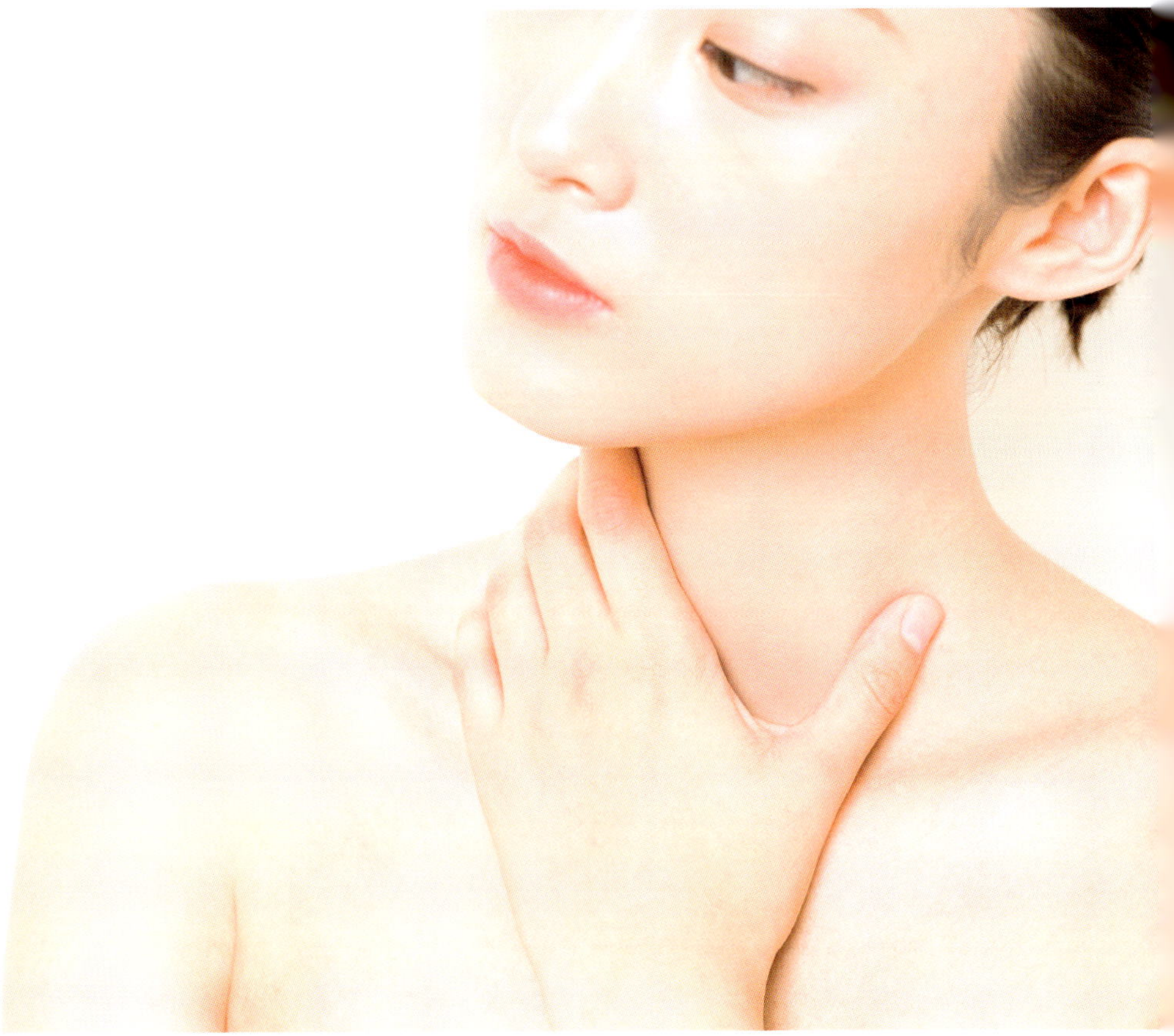

この本を手にとって下さったということは、
多少なりとも美や小顔に興味があるはず。
そんなちょっとの「意識」こそ、美への一歩。
小顔や美顔にはちょっとしたコツがあります。
スキンケアをするときに、家事や仕事の合間に、気分転換に。
そのコツを覚えて、日常に取り入れてみてください。
「意識すること」が、生活の一部になったとき、
年齢と反比例するように、確実に美しく、
若返っていることを約束します。

CONTENTS

W …ワークアウト

CHAPTER 3

頬まわり

CHAPTER 4

目まわり

CHAPTER

1

小顔ワークアウトの基本

まずは木村式小顔ワークアウトの基本を伝授。
筋肉学に基づいた、効率良い小顔術を
習慣化できるようになったら、一生もの！

唇は顔の体幹である。

by KIMRA

小顔は印象操作ができる

どうすれば小顔になれますか？ とよく聞かれます。では、そもそも小顔の定義とはなんでしょうか。実際の数値的大きさはあまり関係ないんです。だって顔の大きさが○センチなんて誰も把握しているわけではありません。

姿勢や所作が美しい方は、たとえ丸顔であっても、首が長くデコルテが美しく見えます。また、顔の皮フがたるんでおらず、引き締まっている人も小顔に見られることが多いのです。**つまり、他人から見て「小顔かどうか」は、数値ではなくシルエットの印象で判断されることが多いのです。**

どうしたら若さを保つことができますか？ これも度々聞かれます。僕はこれまで何千人以上の方を施術してきました。様々な方を見てきて思うのが、

二十代の方でも老け顔の方はたくさんいる。

逆に四十代の方でも、老けていない方はたくさんいる、ということ。

つまり、**歳をとったから老けたのではなく、日頃の意識不足や身体の使い方の間違いなどが年齢以上の老け感を出していると言えます。**

昔の自分になろうとダイエットをすると、うまくいかない方を多く見てきました。前

のような身体に戻れないとストレスを溜める方。若い時の身体になろうと思って頑張っても結果、「あれ？ なんか綺麗じゃない」と思う方も多いようです。

歳を重ねることで、様々な経験や感情を手に入れ、体質や動き方や綺麗に対する考え方が、必ず変化しているはずです。**過去に固執せず、今の美的感覚にまっすぐに向き合い、それに必要なことを取り入れることが大切なのです。**

刻まれたシワはその方の歴史だからこそ、そこまで気にすることはないと思っています。しかし、たるんでできた「たるみシワ」は、細胞が元気ではない証拠なので、老け感を増幅させます。

もちろん食べ物の影響や精神的な影響、タバコや日焼けなど顔が受ける影響は多岐に渡ります。歳を取ること、シワができることを恐れず、たるみができる原因をパーツごとに理解して、賢く楽しみながら歳相応の綺麗で締まった小顔を目指してみてはいかがでしょうか。

実際、僕は頭が大きく、帽子も入らない、顔も長いという自覚があります。でも、お客様や知人からは「小顔だよね」「年齢よりも若く見える」とよく言われます。そんな僕は、姿勢やスキンケアや食事以外に顔について取り組んでいることがひとつだけあります。それをこれからお伝えしていこうと思います。

小顔をつくる土台は唇

ダイエットをするうえで欠かせないのが、**体幹を鍛えること**。体幹とはそもそも、身体のコアとなる筋肉。身体を支えるときや、身体を動かすうえで軸となる部分。ここを効率良く鍛えれば、基礎代謝がアップするとともに、太りにくい身体をつくります。逆を言えば、**体幹を意識しないエクササイズは、効果を半減させてしまうことも**。それは、小顔をつくるうえでも同じことが言えます。

顔の体幹は、口輪筋。つまり**唇**です。顔のその他の筋肉は、ほぼ全て唇に向かって伸びています。顔のリフトアップや、引き締めのためには唇の筋力を鍛えることが最重要課題と言えるでしょう。

一般的によく見かける「あー」とか「いー」と口を大きく動かす小顔エクササイズや顔ヨガ。これは、例えるなら重りを持たないでひじを曲げて「鍛えている」と言っているのと同じ。何も負荷をかけずに口を動かしているだけなので、ただの動作としか言えません。つまり、小顔トレーニングにはなっていないのです。

身体のトレーニングの基本かつ最も重要なことは、**『体幹』の姿勢をキープしたまま肩や股関節を動かして、しなやかな身体を作ること**。顔も同様で『唇』という名の体幹を締めて、たるみのない「顔の姿勢」を整えることが大切。その結果、顔が引き締まるし、その顔の姿勢からパーツを動かせば、単純な動きでも効率良いエクササイズになります。

つまり、**唇を締めることは、小顔をつくるうえで一番基本で一番大切なこと。**唇を締めることを徹底すると、無駄についた顔まわりの脂肪はアイロンがけしたように均一になり、「皮フが骨にフィット」するかのように顔全体にハリが出始めます。早い方では一週間くらいで違いがわかるかもしれません。

- **リップを直すように唇を口内へ引き込む。**
- **口を下方向へ縦に伸ばし、顔全体にある脂肪から酸素を吸い取るかのように唇に力を入れる。このとき、ほうれい線がなくなっていることがポイント。**
- **わかりにくい方は、目尻を上げるように鼻から吸うと目尻と唇が引き合ってストレッチしやすくなる。**

余裕があれば、「ベロを奥下へ引き込む」プロセスも続けてやってみると良いでしょう。フェイスラインのもたつきが気になる人に大きな効果があります。

通勤や運転中など場所を選ばないですし、洗顔や化粧水をつけるときに取り入れてみても良いでしょう。唇をただ締めるだけ。これだけで驚くほど効果的で効率の良い小顔効果が得られるのです。

顔の筋肉構造

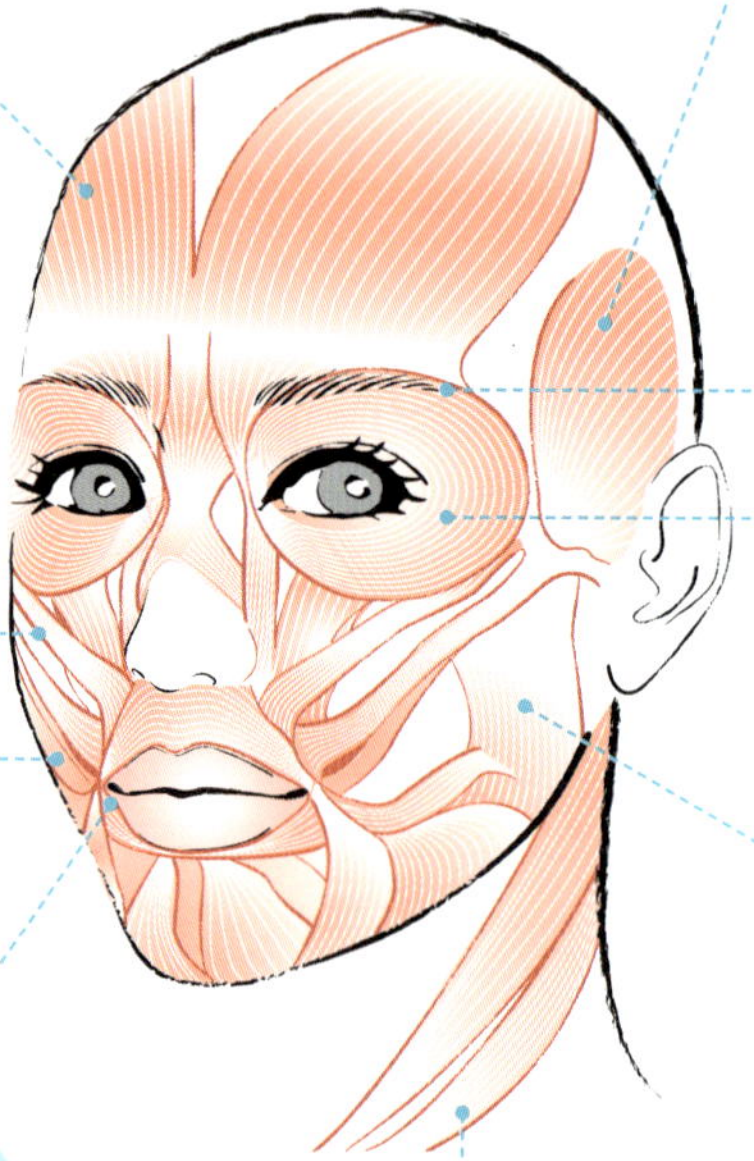

前頭筋
おでこから背中につながり、
表情筋を支える筋肉。

側頭筋
こめかみあたりにあり、
下あごを動かす役目。

皺眉筋
眉のふくらみに沿って
横向きに走る筋肉。

眼輪筋
目元を囲むように、
ドーナツ型に走る筋肉。

大頬骨筋
口角から頬に走る筋肉。
強く上へと引き上げる
ことで、笑顔を作る。

笑筋
口角を横に引っ張る
筋肉。作り笑いは
ここの筋肉を使用。

咬筋
物を噛むときに使う。
エラが張る原因は
ここの滞り。

口輪筋
唇を囲むドーナツ型の筋肉。
口を開け閉めするときに使う、
顔の体幹である中心部。

胸鎖乳突筋
ここが滞っていると、肩コリやむくみ、
たるみの原因にも。

唇の基本

木村式小顔メソッドの要であるのが、この唇締め。唇には顔の全ての筋肉が集まっているので、唇を締めだけで負荷となる。つまり、全ての動作がエクササイズになる。

ストローを吸うイメージで唇全てを内側に巻き込む

カタカナの「ホ」を言うイメージで、唇をすぼめる。このとき、目尻と唇周辺の筋肉が引っ張り合うのを意識。顔を縦方向に伸ばして。「ホ」の形のまま、唇を巻き込む。このとき、唇がすべて見えなくなるまで内側へ巻き込むのがポイント。口の中の歯は開けておく。

KIMRA視点　すべては基本にヒントがある

顔は筋肉構造上たるみやすい

人間には、筋膜という「筋肉を覆う膜」が存在します。全身の筋肉や骨、臓器などのすべてを包み込んでおり、一枚皮で繋がっているため、まるで筋肉のボディスーツを着ているような構造。この筋膜は、大まかに二種類に分類されます。

- **筋肉と皮フの間にあり脂肪も包む「浅部筋膜」**
- **骨と筋肉の間にある「深部筋膜」**

これらは、緩やかな連動のもと人としての形を保ち、筋肉がスムーズに動けるように働きます。

しかし、顔にある表情を司る通称「表情筋」は、骨と皮フが直接つながるので、例外を除き、骨と筋肉の間にあるはずの「深部筋膜」が存在しないと言われています。ということは、**表情筋は骨との連結が他に比べて緩いため、筋力が低下すると「たるみやすい」という性質を持っているのです。**

例外としては、頭頂部、耳の上、エラから耳の下、この辺りには深部筋膜が存在するため、比較的たるみにくい構造となっています。

なぜこのような作りになったかはわかりませんが、この構造のおかげで人間は豊かな感情を表情で表現できるように成長したのではないでしょうか。

またこれは意外と知られていませんが、表情筋の筋膜は、おでこの筋肉からぶら下がるように存在しています。そして耳まわりの深部筋膜と表情筋は横方向であまり連動していません。つまり、**表情筋はおでこと首の間に存在し縦方向に使うとスムーズな動きになり、横方向に使うと筋膜は緩みやすいという性質を持っています。**ちょうちんの作りをイメージすればわかりやすいでしょうか?

だからこそ、僕の「小顔ワークアウト」のメソッドは、基本的に「縦」を意識して運動をします。**基本の「唇締め」のスタイルでは、目まわりの筋肉と、口まわりの筋肉が「縦」に引っ張り合うことを意識します。これだけで、筋肉に負荷をかけているということになります。つまり、自然と筋トレをしていることになるのです。**

ただやみくもに、小顔になろうとマッサージやエクササイズをしていたら、かえって、たるみやシワなどの老け顔の原因にもつながります。このように、筋肉や身体の構造を知っておくだけでも、ちょっとした動作でさえ、効率良く小顔に近づくことができるのです。

美と健康にとって無意識は罪

毎日何かを続けることって大変ですよね。トレーニング、朝のジョギング、読書などなど。それは僕も一緒で、わざわざ時間を作ることや、それを続けることがとても苦手です。

でも、顔を洗う、スキンケアをする。そんな日常生活で当たり前のように行っていることは、さほど苦とは思いませんよね。このタイミングで、これから教える「小顔ワークアウト」を取り入れてみてください。洗顔やスキンケアと同じように日常化できてしまったら、こんなに効率的なことはないのです。

あなたの顔や身体は全てあなたがこれまでに積み上げてきたものです。どう呼吸をしているか。どんなものを毎日口にしているか。どんな姿勢で生活をしているか……。それがあなたを創り出します。

それと同様に、**どのように毎日顔に触れているか。その一挙一動が、あなたの顔の未来を創っていると言っても過言ではありません。**

美と健康にとって無意識は罪です。放棄と一緒です。時間を作ったり、義務感に捉われたりする必要はありませんが、どうせなら、効率的に行いましょう。

基本マッサージ

まずはウォーミングアップのマッサージを伝授。スキンケアを塗るたびに一連の流れを習慣化しておくのがおすすめ。毎日の積み重ねで、気が付いたらフェイスラインがスッキリ!

01

唇を閉めた状態でおでこを流す

唇を閉めた基本姿勢&スキンケア中のすべりの良い状態からスタート。人差し指と中指、薬指の腹を使い、おでこの中間からこめかみへ流す。これを×5回。

02

フェイスラインから耳後ろ~首へ

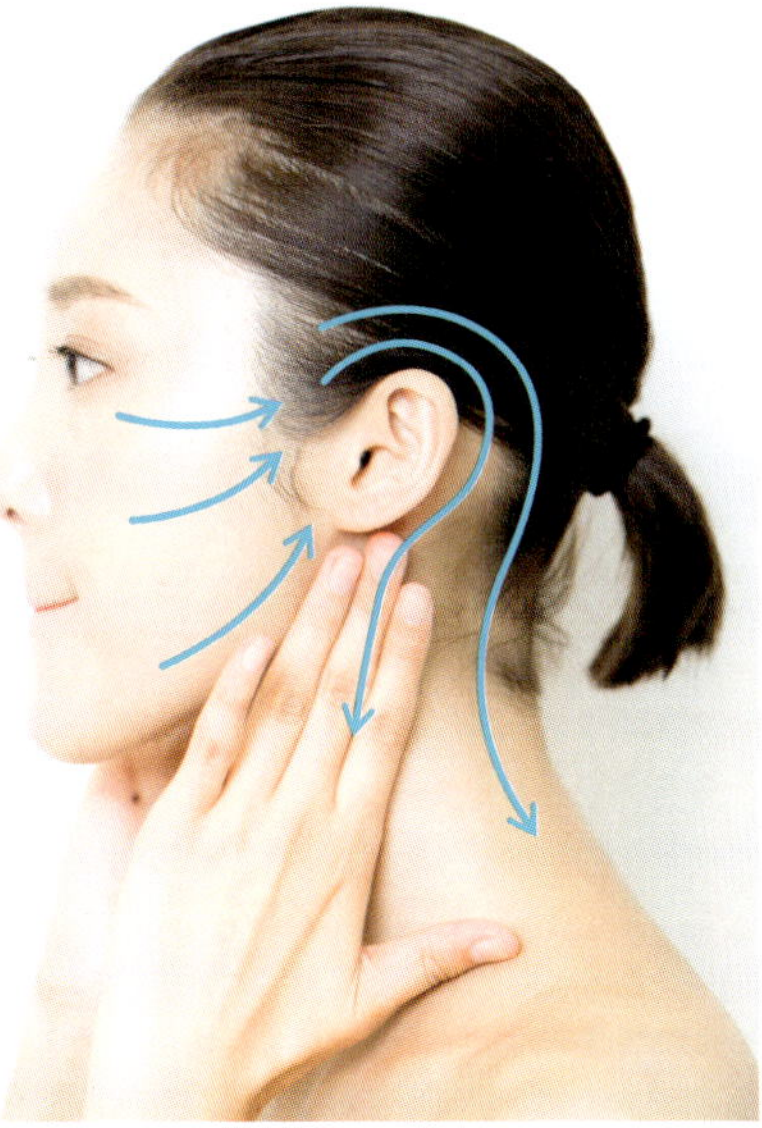

01と同じく人差し指と中指、薬指の3本の指の面を使い、目の下、頬、フェイスラインを流す。そのまま耳の上を通って首へと流す。これも5回繰り返して。

KIMRA視点 唇の締まりが弱い人は、身体の軸がゆるいと思え

03

手をグーにして
首をグリグリほぐす

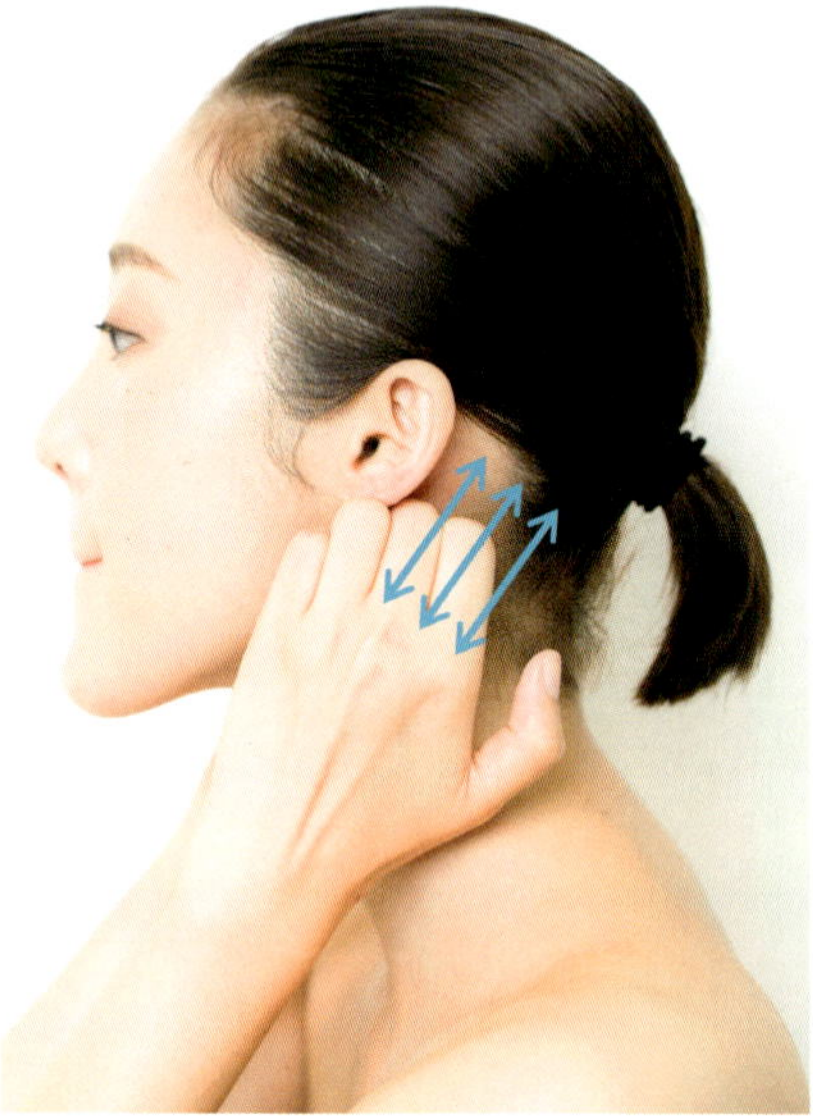

手をグーの形に。人差し指、中指、薬指、小指の第一関節を使い、耳後ろ〜首のつけ根まで、“張っている”感がなくなるまで“痛気持ちいい”程度にほぐす。

04

手のひらの側面を
鼻横にフィットさせる

手の親指から人差し指までの側面を使う。親指をあご裏、人差し指の側面を、下まぶたの目頭辺りにぴったりとフィットさせて。手の側面全体を鼻横に。

05

フェイスラインを引き上げるように

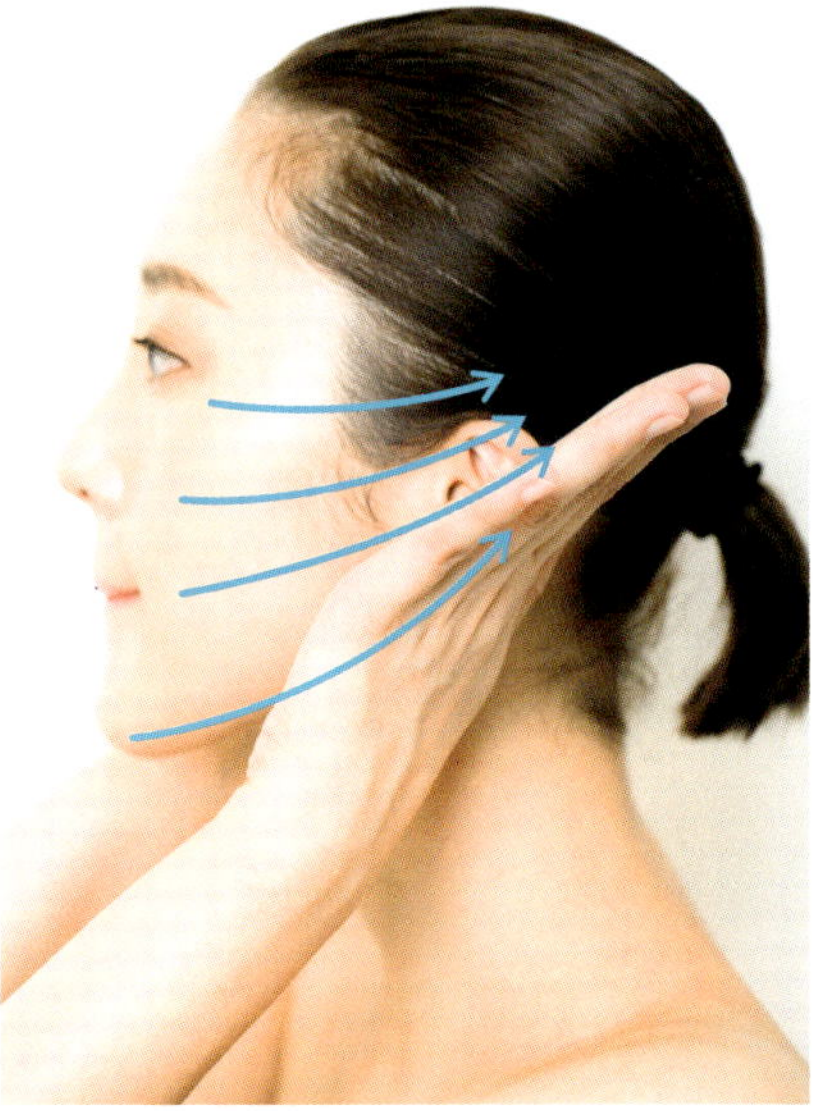

そのまま親指～ひと差し指の側面をサイドへ移動。フェイスラインを引き上げるようなイメージで、指を耳後ろまでスライド。このときも、しっかり唇締め。

06

手の側面を使って首を上下にほぐす

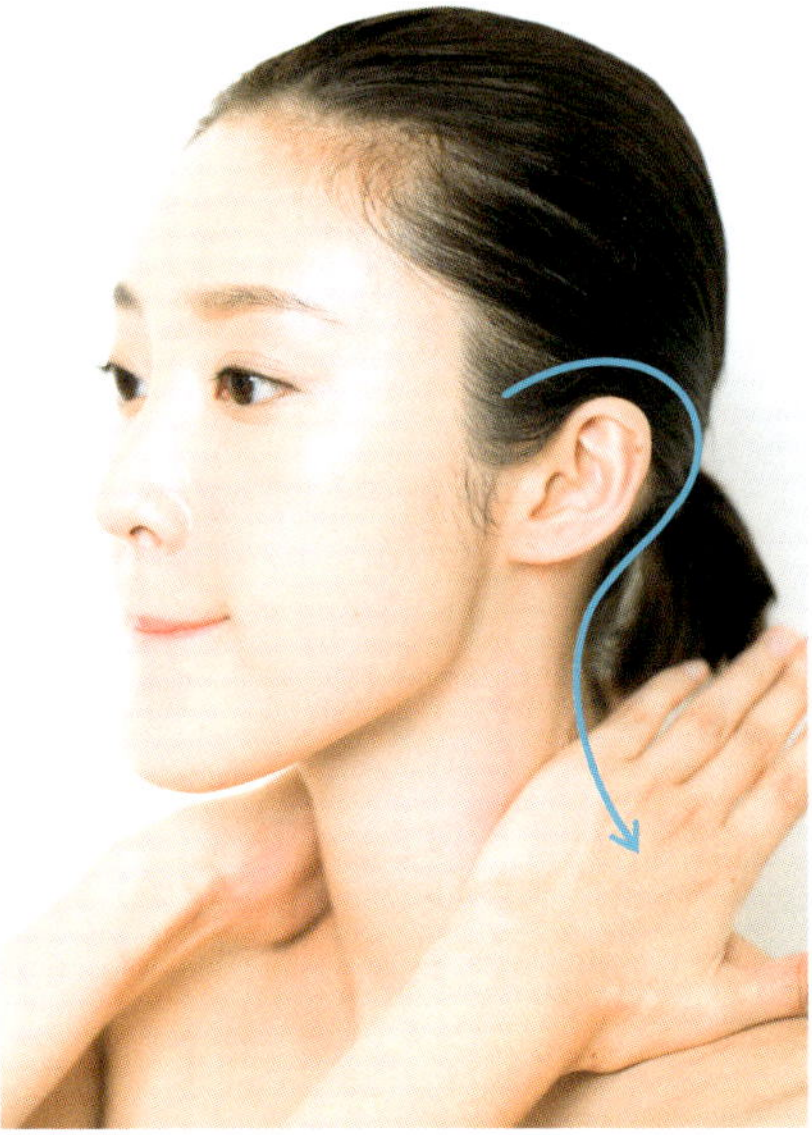

フェイスラインを引き上げたら、そのまま人差し指の側面で耳上を流す。今度は小指側の手のひらの側面を使い、上下に首をほぐす。これを5回繰り返す。

COLUMN

むくみとりマッサージ

仕事の合間や通勤中、家事の合間などにできる簡単むくみ取り。
耳を引っ張る＋唇締めを同時に行うことで、リフトアップ効果にも期待！

01

唇を締めながら耳を左右に揺らす

基本の唇締めの状態からスタート。耳の端を持ち、軽く引っ張りながら左右にブラブラと揺らす。耳を持つ指の位置を移動しながら、耳全体を小刻みに動かして。

02

耳を外側へ広げるイメージで引っ張る

リンパ節を開くようなイメージで、耳を軽く引っ張る。耳を持つ位置をこまめに変えながら、広げるように。耳が温かくなったら、反対側へ。眠気覚ましにも効果的！

CHAPTER

2

フェイスライン＆デコルテ

顔のいわば“下半身”であるフェイスライン＆デコルテ。
ここが垂れていたり、むくんでいたりすると、老け印象
だけではなく、だらしない印象になってしまうので要注意！

リフトアップとは、骨に皮フがフィットしていることを言う。

by KIMRA

筋肉を骨にフィットさせる

フェイスラインとは、顔の骨格を作り上げるアゴからエラにかけたパーツ。痩せているのに、フェイスラインがたるんでいてメリハリのない顔の方もよくいます。太るというより、たるんでいるという印象でしょうか。

たるみの原因の主は、姿勢の悪さ。猫背でいることで首が前に出てしまうため、頭の重さによって顔もたるんでしまいます。さらには、甘いものばかり食べるという砂糖の多い生活も、肌には悪影響。肌内部のコラーゲンが切れてハリは消え、たるみを作る原因となるので注意しましょう。

皆さんが気にするあご下は、構造的には空洞でベロを動かす筋肉たちが存在しているくらい。あご下をうんていのように脂肪がブラブラとぶら下がっているイメージです。うんていとなるベロを動かす筋肉のテンションが低下したとしたら、脂肪はそこにいることは困難で、たるんでしまいますよね？　だからこそ、あご下の筋肉のテンションを保つことは非常に大切になります。

皆さんはあご下に力を入れることはできますか？　わからない方は基本の唇締めのポーズをしてください。唇を締めたまま、胸を張って、大きく息を鼻で吸いながらあご下に力を入れることを意識してください。1分くらい集中して練習すると、あご下の筋肉がきちんと硬くなる感じがわかるようになるはずです。ここではあご下に、きちんと力を入れるイメージを持つことが大切です。

僕はお客様にイメージを伝える際、「筋肉を骨にフィットさせるイメージで顔を使いましょう」とお伝えします。

表情は、上がったり下がったり、広がったり締まったりするのですが、これはあくまで平面のお話。顔は大まかに、「表情筋」と呼びますが、これは骨と皮フの間に存在して、顔の表情を動かします。

「筋肉を骨にフィットさせて表情を動かす」「たくさん動かせることより、顔にテンションが常にあるか」を大事にすべき。ここに差が出てしまうと、一気に皮フと骨との「ずれ」が生まれ、それがたるみやシワの原因になってしまうのです。

だからこそ、僕の基本メソッドである唇締めは、皮フと骨の「ずれ」を正常の位置に戻し、たるみを引き締めてくれる効果があります。これを続けるだけで、表情筋全体を鍛えるだけでなく、首やデコルテ、胸の皮フのテンション維持に大いに役立つと言えるでしょう。

フェイスライン1

なかなか取り除きにくい、フェイスラインの脂肪のたるみ。首筋のデコルテトレーニングで、あご下を引き締めながら、顔立ちをシャープに!

01

唇締めをしたまま首筋に力を入れる

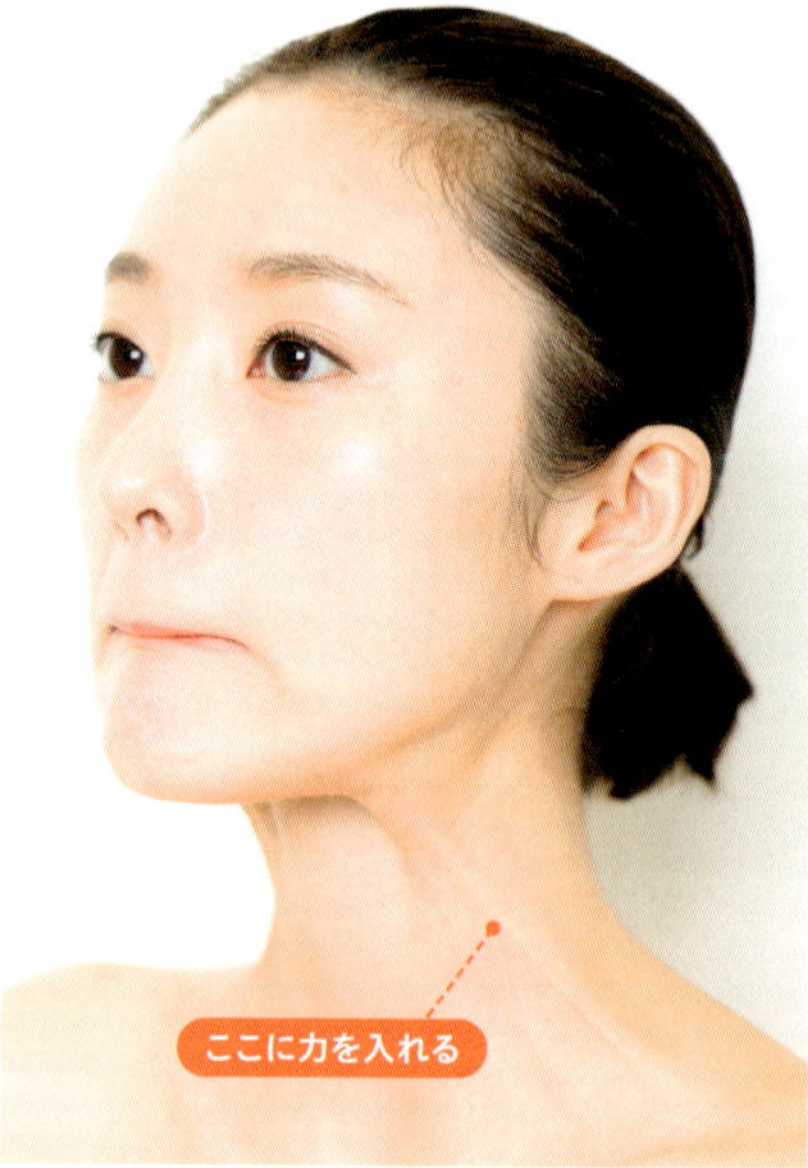

唇を閉めた基本姿勢から。そのまま、首筋に力を入れる。あご下から伸びる筋肉がしっかり動くのを意識。鎖骨に力を入れるイメージをするのがおすすめ。

02

頬を押さえながら首筋に力を入れる

首筋が動くようになったら、頬を手のひらで軽く押さえる。耳の方へ向かってテンションをかけながら、首筋の筋肉に力を入れる。これをゆっくり10回。

フェイスライン2

頬まわりの気になるお肉には、左右から負荷をかける収縮運動のトレーニングを。たるみを引き締めながら、脂肪を削ぎ落とす効果が!

01

頬の筋肉を縮めて筋肉に負荷をかける

唇締めの状態で、手のひらへ頬を押しつける。頬はたるませないように。

02

頬の筋肉が上下に引っ張り合うように

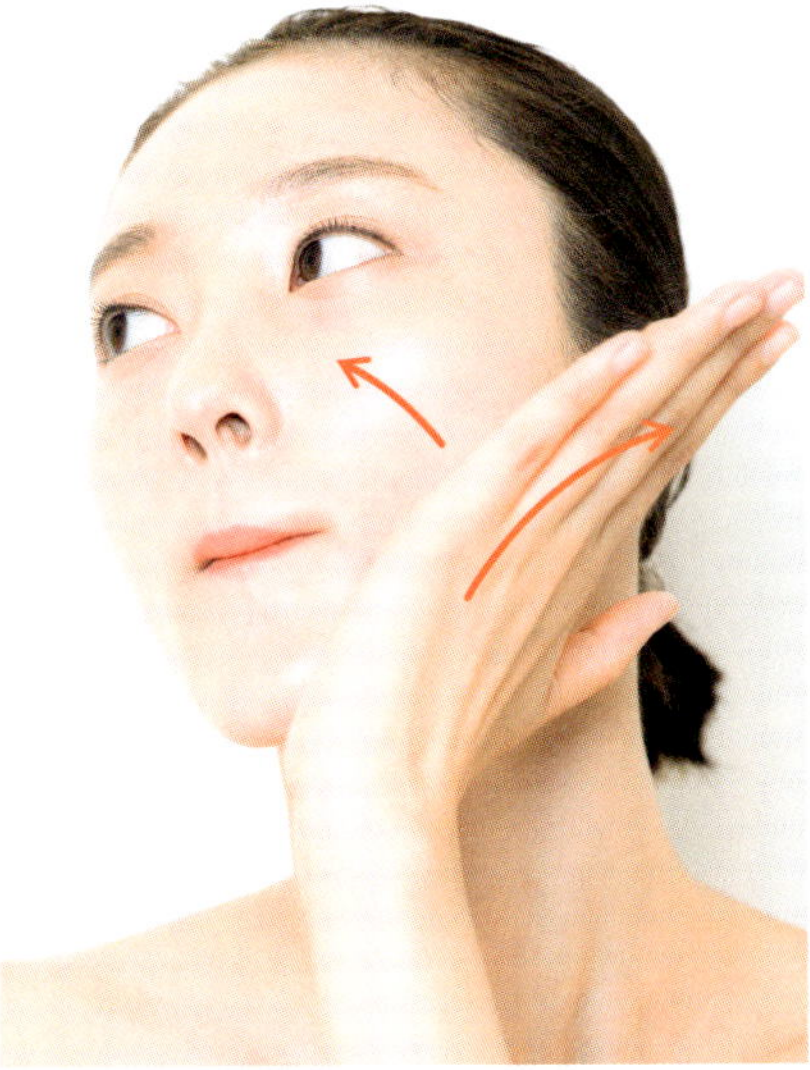

そのまま手のひらを左耳方向へ引っ張るようにテンションをかける。目線は反対の右上部へ。頬の筋肉が引っ張り合うのを意識。左右各10回。

唇の締まりが悪いと老ける

マリオネットラインとは、唇のすぐ横にできるシワのこと。腹話術の人形のような印象を与える造語です。正確に言えばこのマリオネットラインは、シワというより皮フや筋肉の低下により脂肪が垂れ下がり、唇の横に覆いかぶさった凹凸の差からできた溝です。

猫背になると下あごまわりの筋肉や皮フのテンションが緩むので、脂肪が重力に負けて垂れ下がってきます。もちろん姿勢を改善することも大切ですが、ここでは直接的に助けてくれる「広頚筋」と「口角下制筋」を紹介します。

広頚筋はまさに口横のマリオネットラインのあたりからフェイスラインや首の前面を包むように存在する皮フの筋肉で、胸や肩の筋肉まで影響を与えます。つまり、脂肪がダムの崩壊のように前面に垂れ流れてくることを防いでくれる優秀な筋肉です。また、**口角を下げてしまう筋肉に「口角下制筋」というのが存在しますが、これは基本の唇締めで「広頚筋」と「口角下制筋」のどちらにも働きかけてくれるので、マリオネットラインも口角下げも勝手に改善できます。**ちなみに僕は、この広頚筋の存在を利用して、腕立て伏せなど胸や首の筋トレをする際は必ず、唇締めを行います。せっかくやるならマリオネットラインの予防まで欲張りたいですからね。

マリオネットライン

口角からあごに伸びる、2本の線。見た目印象を老けさせるとともに
不機嫌そうに見せてしまうことも。たるみを引き上げるトレーニングを！

アイロンの要領で、シワを伸ばしながら唇締め

唇の両サイドを手のひらで抑え、口角の横にできた溝を伸ばしながら唇を締める。手のひらを置いた部分と唇が引っ張り合うのを意識。5秒キープ×5回。

KIMRA視点　後頭部を意識して深く呼吸する

食いしばり解消はあごを引くこと

食いしばりや歯ぎしり、左右噛み合わせ、口が開けにくいなど、あごまわりで悩んでいる人はたくさんいらっしゃいます。そもそもあごの構造のお話をすると、上あごと下あごはくっついているわけではありません。

下あごは側頭骨という耳があるところから、ブランコのようにぶら下がって存在します。重要なことは、このぶら下がっているということ。つまりは上下の歯が触れていないことが正常で、物を噛みたい時にだけ、「咀嚼筋《そしゃくきん》」を使って噛み締めます。

この噛み締めるための「咀嚼筋《そしゃくきん》」は、姿勢を維持するインナーマッスルや内臓、呼吸筋などの組織を包む膜と同列の筋膜で覆われているので、姿勢の影響を強く受けます。この「咀嚼筋《そしゃくきん》」は緊張すると、頭が前に出てしまいます。これが姿勢の悪さを作り、食いしばりや歯ぎしりの原因を引き起こします。

「あごを引いてください」と言われたら、皆さんはどんなイメージを湧かせますか？ほとんどの方が、あご先が鎖骨の間に向かうようにする動作を指すのではないでしょうか？でもどうでしょう。あごを引いているはずなのに、上の前歯と下の前歯が当たってはいませんか？噛み締めていませんか？つまり、あごは実際には引けてはいません。

皆さんがしているあごを引くという動作は、僕からしてみれば、ただ首を曲げて下を向いている。下あごを「アイーン」のように突き出しているだけ。これでは、そもそものイメージが間違っているので、いつまでたっても食いしばりなどのお悩みは改善しません。**あごを引くとは、「耳がある側頭骨にぶら下がる下あごを引く」ということ。**頭や顔を後上方へ引き上げるように、姿勢を正します。そして胸を張って、鼻から大きく深呼吸をしてください。するとどうでしょう。噛みしめている感覚はなくなったのではないでしょうか。これを意識し続けることで、頭が前にいく姿勢が正されるので、食いしばりは改善していきます。

筋膜の繋がりからのお話をすると、手のひらの筋膜は胸や肩、首の前面やフェイスラインへと繋がっています。手をぎゅっと握り続けると、同側の奥歯は自然と噛み締めるようになります。逆に手のひら全体を、指先までピーンと開こうとすると奥歯が緩むのを感じるはずです。つまり、スマホなどを握りしめる習慣が長ければ長いほど、利き手側の奥歯を噛みしめているのです。これは噛み合わせの左右差や、顔のゆがみにも繋がります。

顔が前に出るのを正し、歯と歯は、本来ならば離れているのが普通だと意識してください。これがあごまわりの緊張緩和になり、不調解消に繋がります。

あごまわりの緊張を取る

噛み締めなどによる、あごまわりの緊張や筋肉の張りの影響で、
エラが張ってしまい、顔を大きく見せる可能性も。まずは緊張をほぐして。

01

耳下を押さえて顔を固定させる

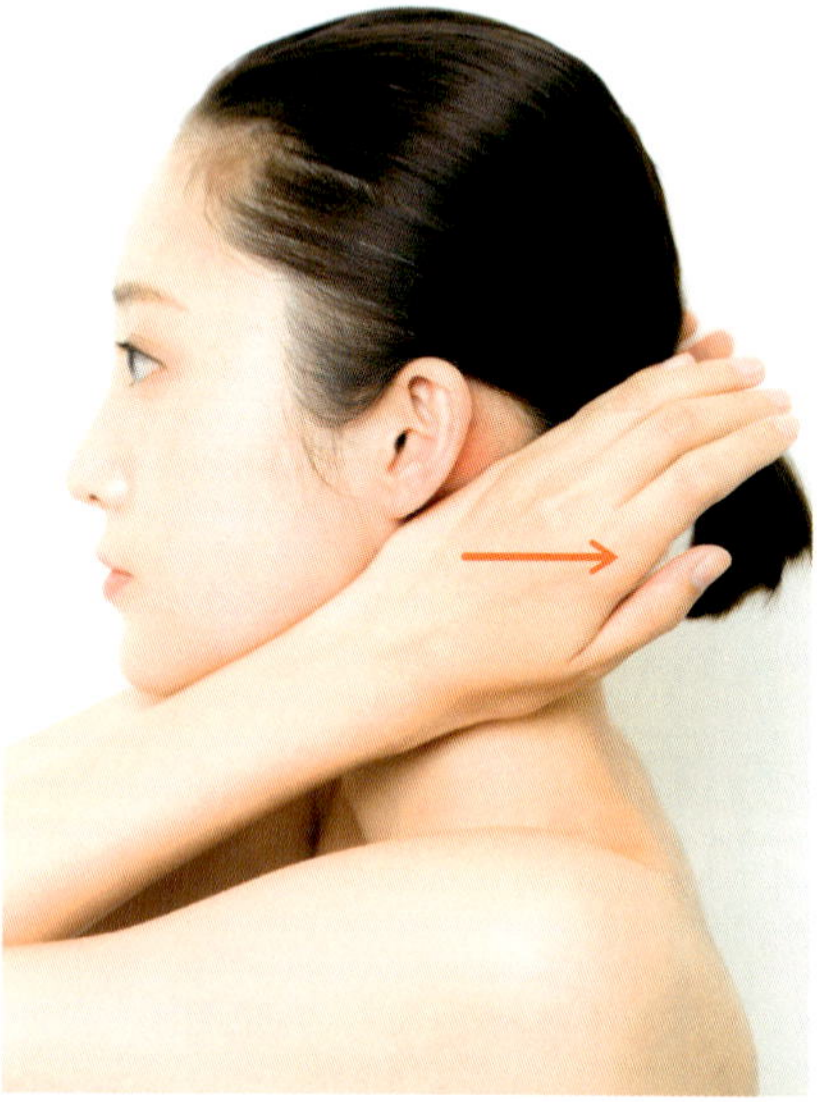

手のひらの下部で耳下を押さえる。このとき、後方へ向かってテンションをかけ、しっかりと固定する。肩が上がったり、猫背にならないように注意して。

02

耳下を押さえたまま口を大きく縦に広げる

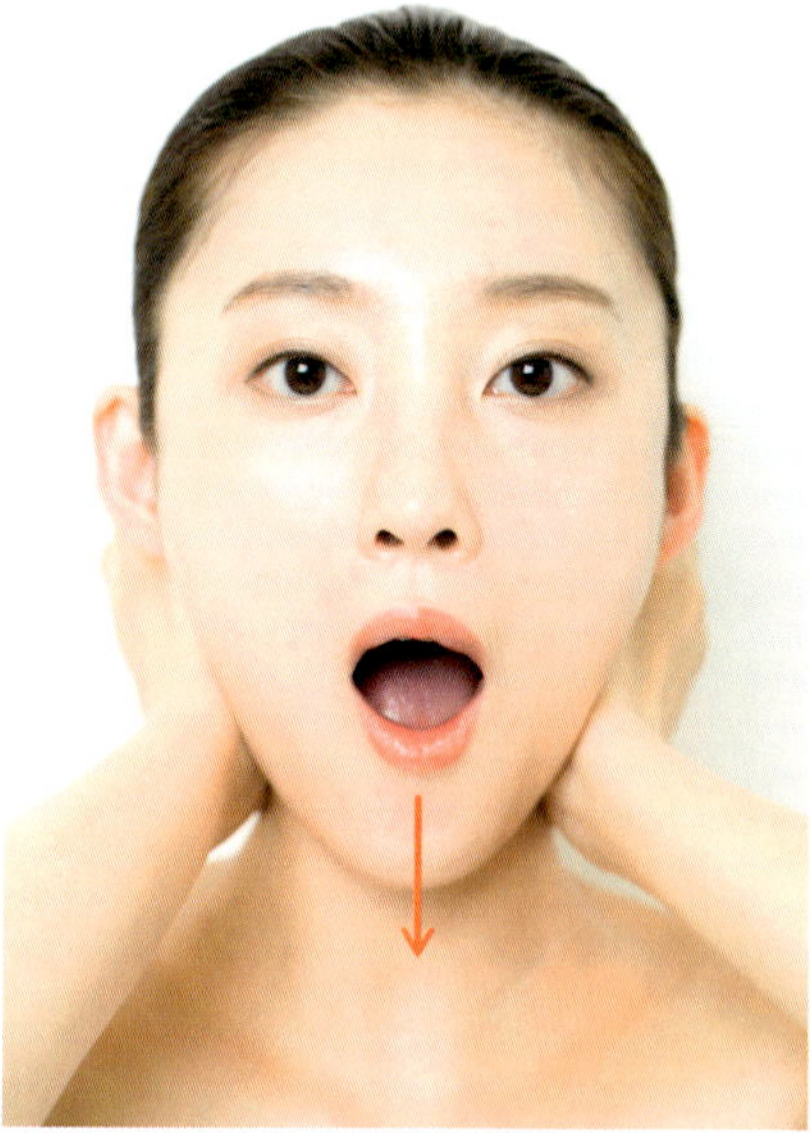

そのまま、口を「あー」と大きく広げる。このとき、口が開きにくいと感じる場合、エラ部分の筋肉が凝り固まっている証拠。口は横ではなく、縦方向に広げて。

03

耳下を押さえたまま あご先を右方向へ

口を縦方向に大きく広げたまま、あごを右方向へ。ゆっくりと5秒カウントしながら右方向へ移動させたら、また5秒カウントしながら元の中央に戻す。

04

あご先を左方向へ。 これを10回繰り返す

今度は反対の左方向へ5秒カウントしながら移動させ、5秒で元に戻す。顔は動かさず、あごだけが動くのを意識して。これを左右で各10回程度繰り返す。

KIMRA視点 人を建築物として考えると、とてもシンプルにイメージが湧いてくる

エラ張り

あごまわりの緊張を取るのと同様、負荷をかけながら口を縦に開き、上下の奥歯の噛み締めを予防。フェイスラインもシャープに!

01

頬下のくぼみを押さえながら固定

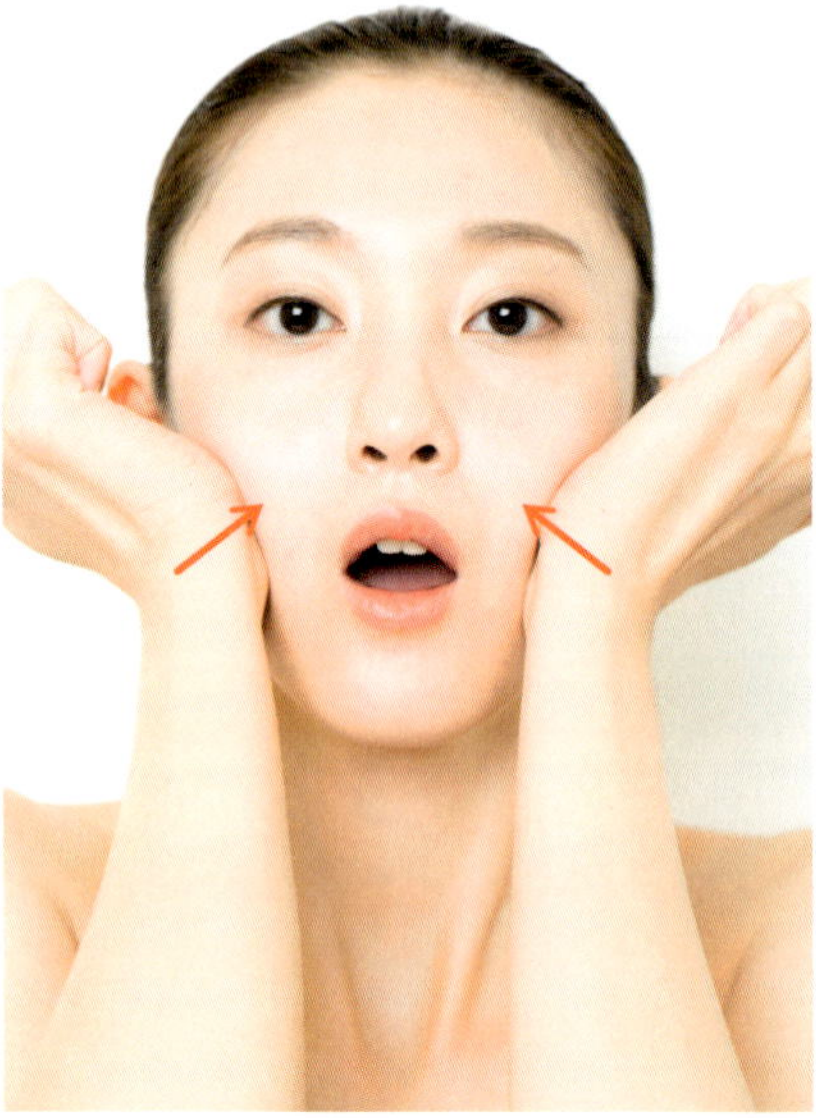

頬骨下のちょうど骨のないくぼみを手のひらの下部で押さえる。このとき、手のテンションは小鼻の方向へ。ただし押さえつけてシワを作らないように注意。

02

頬下を押さえながら口を縦に広げる

そのまま口を縦方向に10回広げる。頬やあごまわりの筋肉が固くなったのをほぐす効果が。手の位置を頬中部や耳前などに移動させ、頬全体をほぐす。

食いしばり

二重あごや、あご下のゆるみなど、ぼやけたフェイスラインには、
耳まわりを押さえながら、顎下の筋肉を収縮させるトレーニングを。

01

耳まわりを押さえて
上へテンションをかける

唇を締めた状態で、デコルテにも力を入れて首筋まで負荷をかける。耳まわりを指の腹でつかみながら、指のテンションを後方へ。息は止めずに鼻で呼吸を。

02

手のテンションとは逆に
あごを下へと下げる

指のテンション後方のまま、あごを上げ下げ。頬からあごまでの筋肉が反対側へと引っ張り合いながら収縮。あご下まで力が入っているのを意識。×10回。

KIMRA視点　あごを引くことは、最高に綺麗なフェイスラインを創ること

デコルテ美人こそ、本当の美人

「女は首で語れ」

これは、とあるダンサーさんがＴＶで言っていたフレーズですが、ごもっともだと感心し、お客様にも共有するようになりました。

街を歩いていて思わず見とれてしまうのは、首筋が長く、スラッとしている女性です。髪をかきあげたときにチラッと見える首筋や鎖骨は美しく、男性だけでなく、女性までも色気を感じるでしょう。

首が美しい人は、イコール姿勢が美しい人。それだけで丁寧なライフスタイルを連想させ、バックグラウンドの品の良さを感じさせます。

デコルテとは『ｄｅ（～から離れた）』と『ｃｏｌｌｅｔ（首）＝襟ぐり』というフランス語が語源なのだとか。一般的には、胸元を開いた時の鎖骨まわりを指しますよね。

この首からデコルテ周囲には、血管や神経、リンパ節などが多く存在します。その中で大切なことは、顔のむくみやくすみの原因となる老廃物は、必ずデコルテを通過して心臓に返るということ。この文章だけで、デコルテ周囲が滞ってしまうと、どうなるかわかりますよね？　だからこそ、緊張させずほぐすことが重要なのです。

僕のお客様の中には「首が短い」という悩みを相談される方も多いのですが、実は首の骨は7つしかなく、その長さに大きな差はそれほどありません。確かに、生まれつき首が他の人より長い方がいるのは事実。でも、**首を短く見せている大半の原因が、姿勢の悪さ、そして首まわりの緊張です。**頭の重さはだいたい5〜8kgといわれています。姿勢の悪さによって頭が前へと出てしまうと、それを支えようと首まわりの筋肉が緊張し、肩こりやリンパの詰まりを引き起こします。これが原因で首が太く見え、さらには二重あご、フェイスラインのたるみなどの悪循環になってしまいます。

首を横に曲げたときに浮き出る筋を「胸鎖乳突筋」と呼びます。ここは、老廃物の通り道でもあるのですが、ここをガシガシ掴んでほぐしたり、グルグルと首で回したり、左右に倒すだけでも、滞り解消には効果的。朝のスキンケアタイムはもちろん、通勤中や仕事の合間などに習慣化することをおすすめします。

顔の表情筋は、唇が顔の幹、眼やおでこが葉、頬がそれを繋ぐ枝だと僕は考えます。フェイスラインを境に、首やデコルテや胸肩へ筋膜の根を張り、顔の安定化を図る役割を担っています。リンパ管という水路を滞らせないようにしないと、水が汚れ、すべてに栄養が回らず、カサカサに枯れ果て、美しく成長することもできません。つまり、その人の美しさは、デコルテの美しさに比例するといっても過言ではありません。

首のシワ

鎖骨を押さえながら、首を伸ばすストレッチを。首のシワに効果があるだけではなく、首やフェイスラインまでシャープに!

01

鎖骨を押さえながら
唇締めの基本姿勢を

唇を締める基本姿勢を取りながら、両手を重ねて鎖骨を押さえる。このとき、首を伸ばす方向とは逆の鎖骨下に、伸ばす方向の手を下に置くと負荷力UP!

02

8秒かけながら
あごをゆっくり上げる

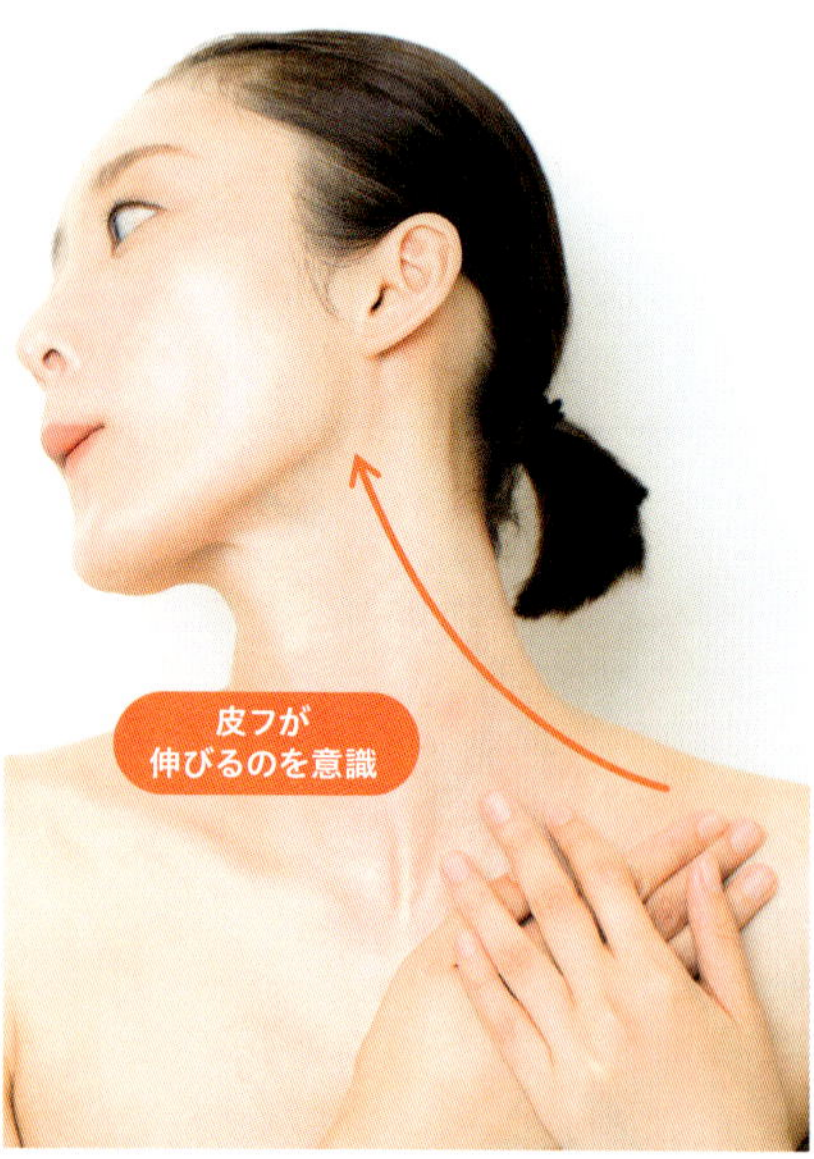

鼻で呼吸しながら8秒カウントし、押さえている鎖骨とは逆方向へあごを上げる。このとき、首前～デコルテの皮フが伸びるのをしっかりと感じて。

03

反対側も同様に。
皮フが伸びるのを感じて

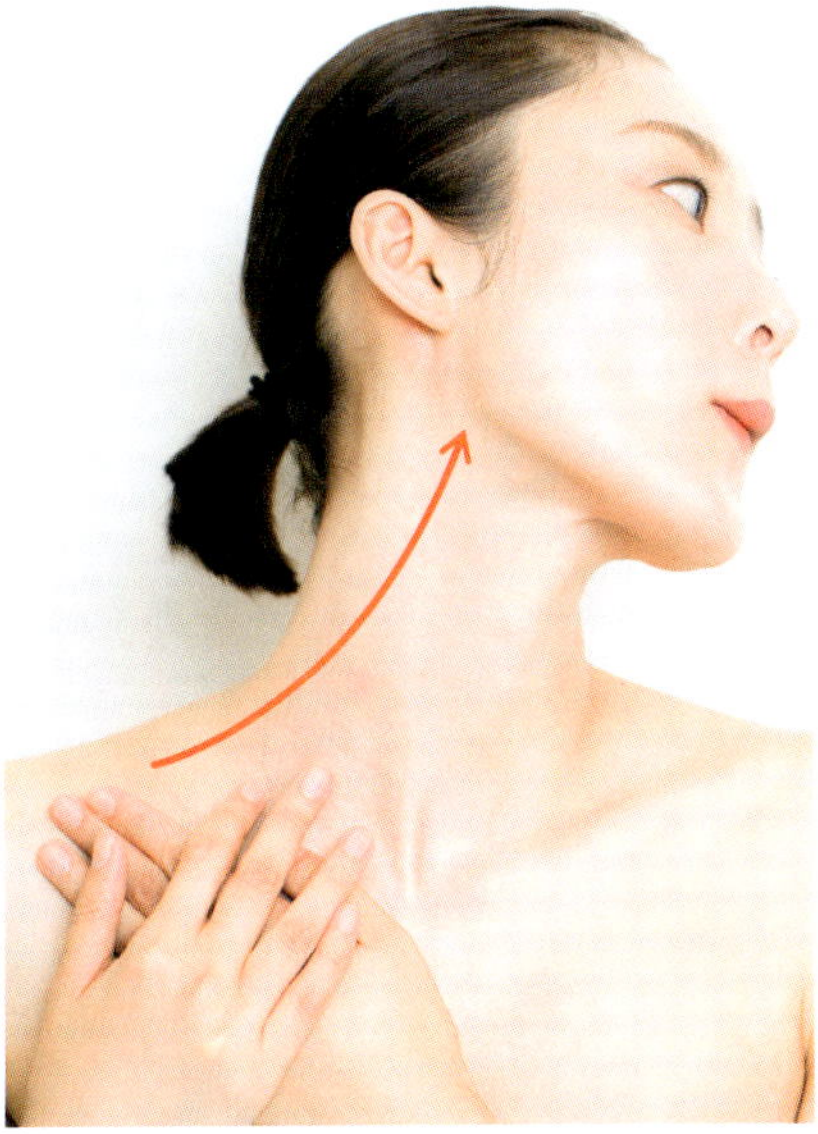

反対側は、押さえる鎖骨位置と手を逆にする。8秒カウントしながら、右方向へあごを上げる。あごが上がりきったら、すぐ元の位置へ戻す。これを左右8回。

04

両手を中央に起き
あご下をしっかり伸ばす

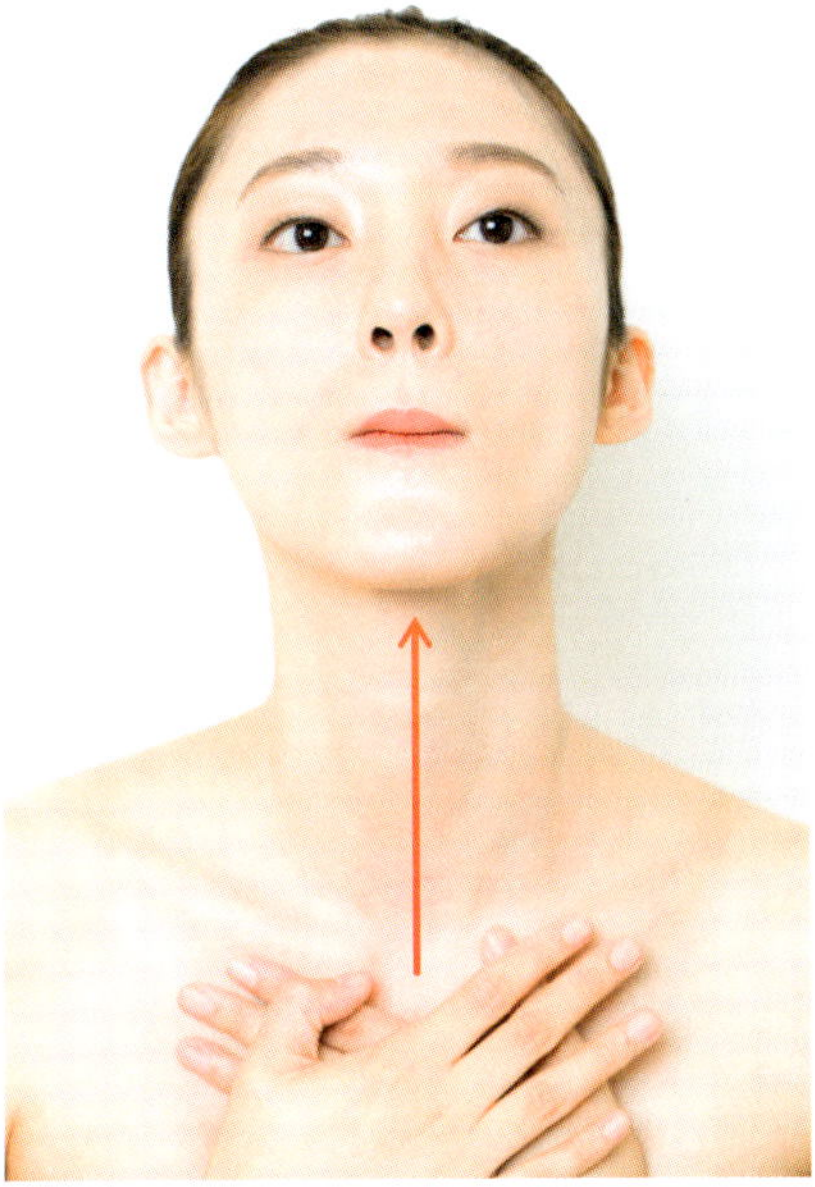

左右の首を伸ばしたら、両手を中央に置いてあごをゆっくりと上へ。このときも、8秒カウントしながら、あご下の皮フ全体をしっかり伸ばして。×8回。

KIMRA視点　デコルテから上を綺麗に魅せたければ、根元から角度を変えてしまえ

デコルテ 1

肩まわりの緊張をほぐしながら、バストラインや二の腕まで鍛えてくれる
ストレッチ。デスクワーク中の気分転換にも最適!

01

グーを握りながら デコルテに力を入れる

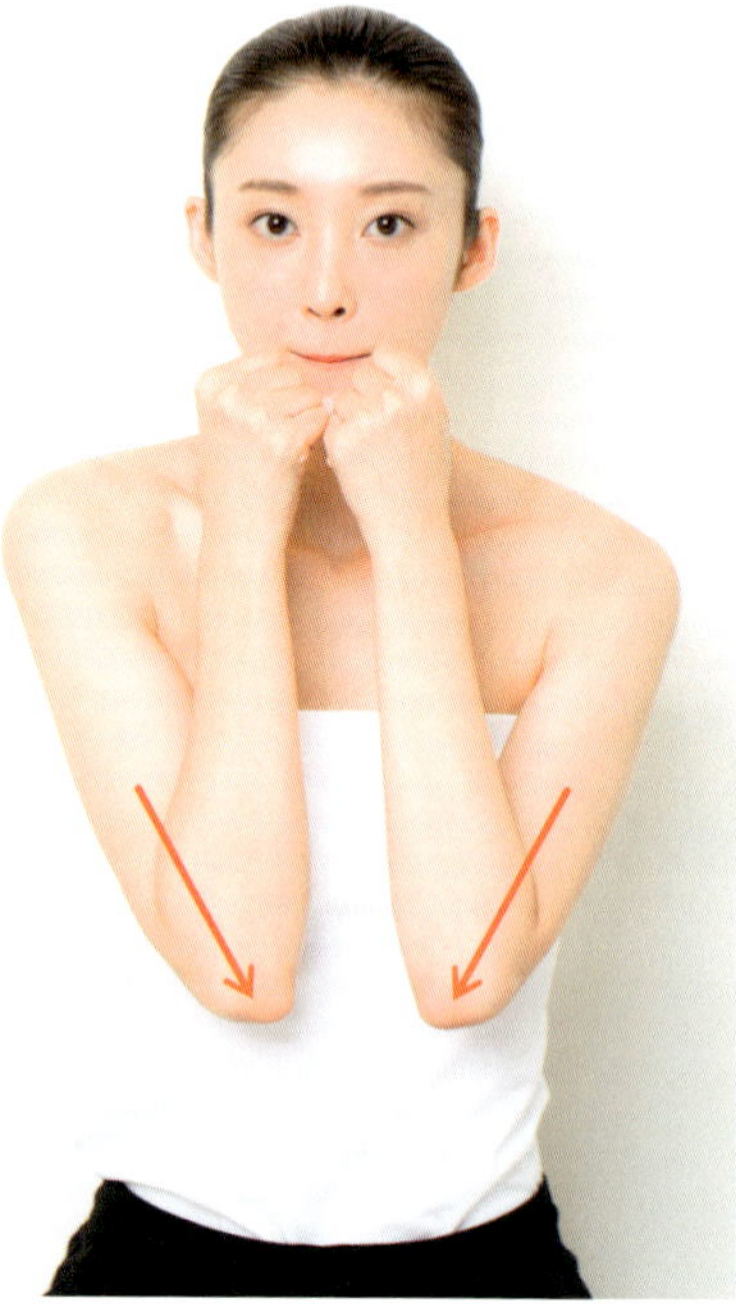

唇を締めた基本姿勢のまま、手をグーに握る。このとき、ひじが内側に入るようにして、デコルテや胸に力が入るのを意識して。このまま8秒カウント。

02

手のひらを広げながら 脇下に力が入るのを意識

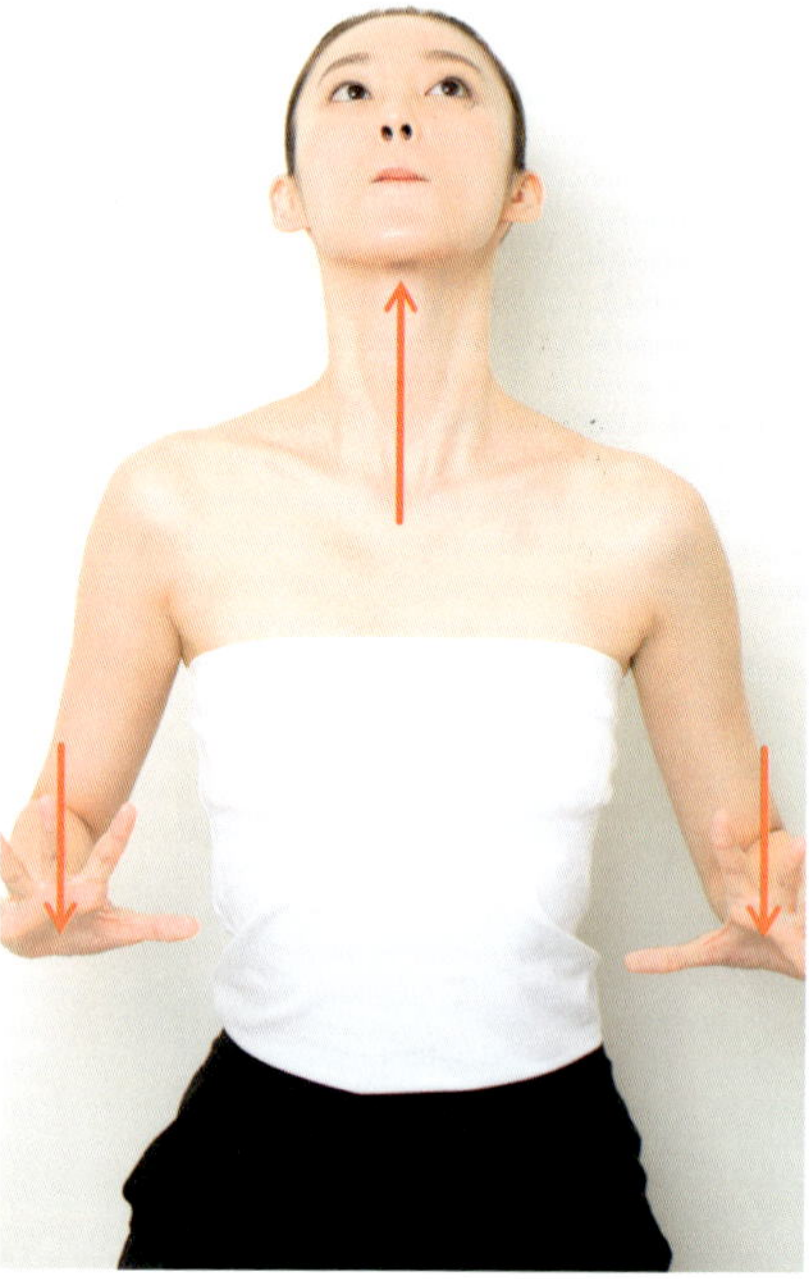

手をパーに広げながら、手のひらを下げずに、ひじを下げるイメージ。 このとき、ひじは90°の角度。肋骨内に空気が入るように。01→02を10回繰り返す。

デコルテ 2

深呼吸をするイメージで胸をしっかり開いて。
猫背改善はもちろん、呼吸の浅さを直してくれる効果も！

01

のど奥は上へ、ひじは下へ意識しながらまっすぐ立つ

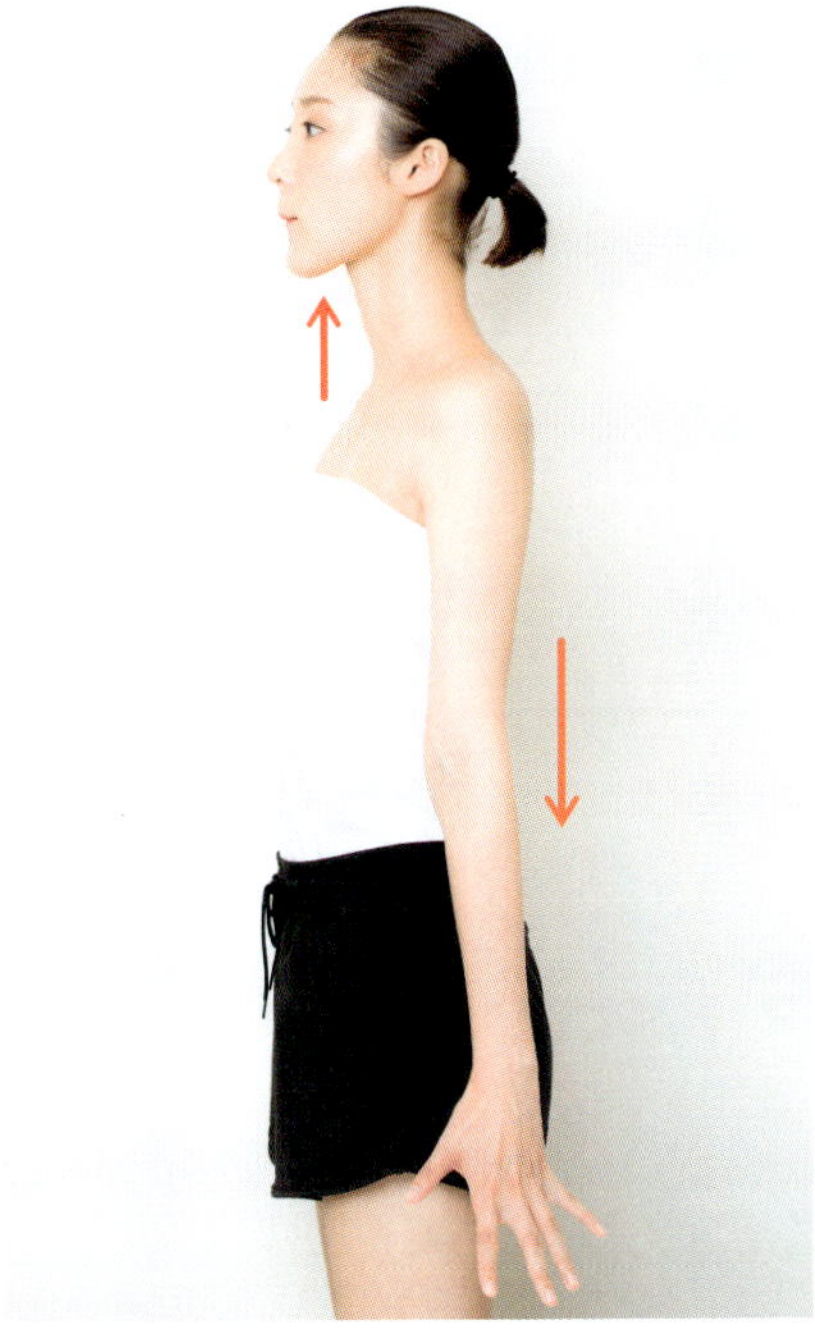

唇を締めた状態で、まっすぐに立つ。このとき、手のひらは内側に向けて。のどの奥を上へ、ひじを下へ伸ばすように意識するだけで美しい姿勢に。

02

肩と胸を開いて肋骨まで空気を入れる

鼻からゆっくり深呼吸しながら、胸を広げるよう手のひらを外に返す。肩を落とすことを意識して、肋骨まで空気を入れるイメージ。01→02を10回繰り返す。

KIMRA視点　息は吐いていますか？ 鼻先で吹いているだけではありませんか？

鎖骨

鎖骨を浮き立たせるようなイメージで、鎖骨上下のお肉を削ぎ落とすように
ほぐして。リンパが詰まりやすい部分なので、やや強めにマッサージ。

01

チョキで鎖骨を挟んで 外側へ向かって流す

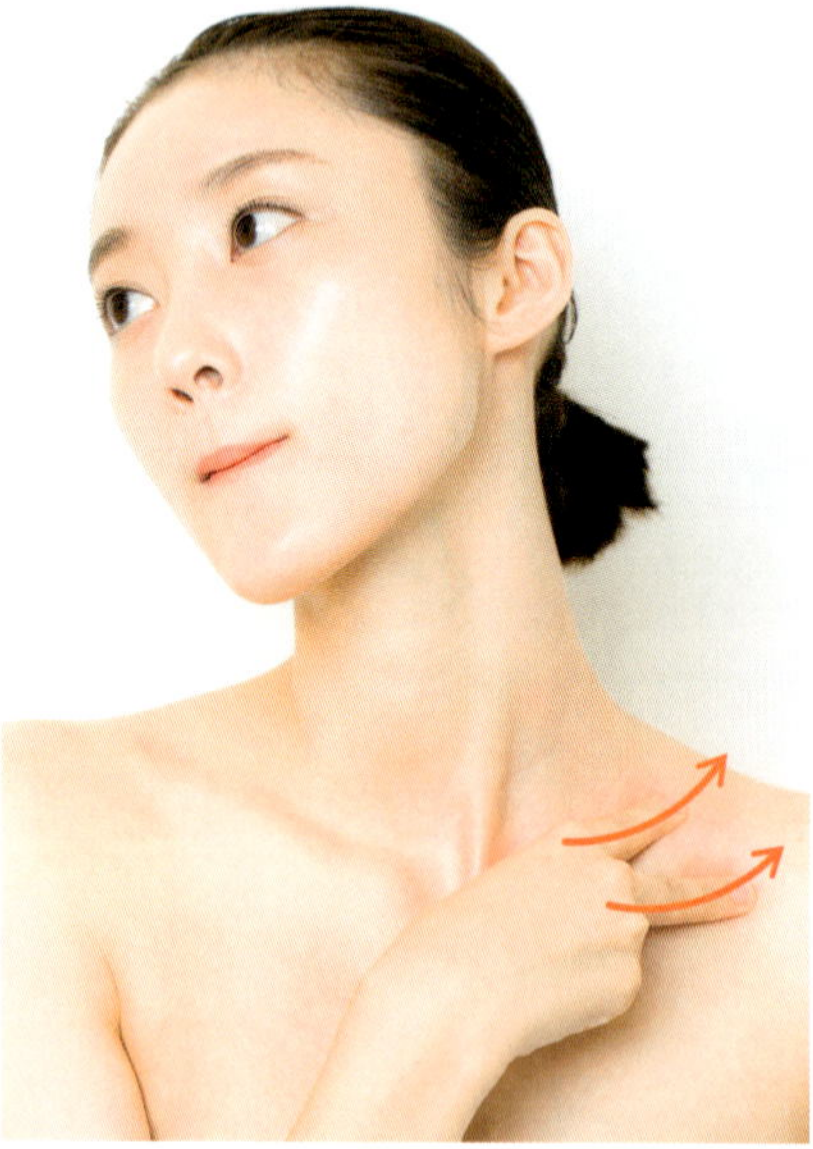

唇を締める基本姿勢を取り、首の皮ふを伸ばしながら、顔を右側に倒す。反対の左側の鎖骨をチョキの指で挟み、内側から外側へと流す。これを10回。

02

指の第一関節を使い 鎖骨下をしっかりほぐす

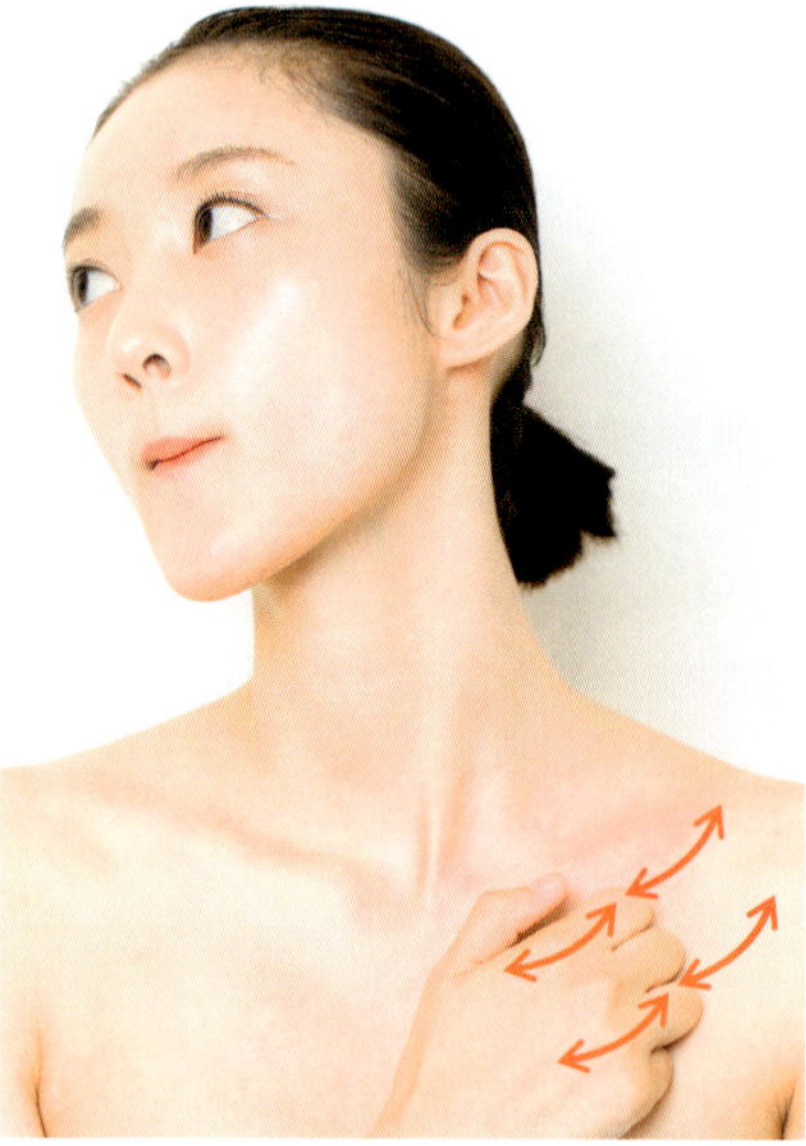

今度は手をグーにして、鎖骨下をグリグリとほぐす。リンパがつまりやすい部分なので、胸上まで念入りに。「詰まってる」感がなくなったら、反対も同様に。

CHAPTER

3

頬まわり

頬の筋力低下が、ほうれい線などの老け顔を
作ってしまうことも。頬の筋力を高めるトレーニングで、
ヒアルロン酸注入も必要ないリフトアップした顔へ!

縦に笑える人ほど
美しい。

by KIMRA

頬まわりが老け顔を左右する

頬は顔印象に大きな影響を与えるパーツ。

立体感がないとのっぺりするし、頬骨から脂肪が垂れ下がるとほうれい線となり、老けた印象に。逆に頬がこけても、げっそりと貧相な顔立ちになってしまいます。

ほうれい線は、そもそもなぜできるのか。笑ったとき、口角を上げる筋肉たちが唇に対して離れるように働きます。これらの筋肉をずっと働かせ続けると、ボディスーツのように身体を覆っている筋膜や脂肪も上方へ引っ張られてしまい、形をクセづけてしまいます。つまり、**顔の脂肪が頬に集まる→重くなる→重力に耐えられず落ちてくる。結果、唇との高低差でほうれい線が顔に生まれてしまうのです。**

頬がげっそりしてしまうのは、痩せて脂肪が減ってしまうのが主な原因。**その頬のお肉が少ないまま頬の筋力が低下→たるみになる→さらに頬上部の肉が減ってしまう。その結果、頬がこけてしまうのです。**

どちらも原因は「たるみ」。お肉があるかないかで、ほうれい線になるか、げっそりしてしまうか分かれてしまいます。どちらも老け顔印象には変わりないので、予防することが大切ですね。

そこで重要になってくるのが、頬まわりの筋力トレーニング。それは、**基本の「唇を締める」ことでカバーできます。**口角を上げてたくさん笑ったら、ストレッチをかけて脂肪面を平坦にすべき。シャツのアイロンがけをするとき、左手でシャツを押さえながら、右手でアイロンをかけるはず。片手だけでやると右にシャツがよれて、逆にシワを生み出します。これは顔も同じこと。

頬の筋肉と唇との関係性は、アイロンがけの右手と左手の関係です。唇に負荷をかけることで、アイロンがけをする際の、「シャツを押さえる左手」の役割となり、ほうれい線のシワをフラットな状態にしてくれるのです。

げっそり頬の場合も、大切なのは頬の筋力を高めること。「唇締め」を行うことで、それが負荷となり、ちょっとした動作なのに筋力トレーニングに変えてくれます。こちらは、ダンベル上げをイメージすると良いかもしれないですね。「唇締め」を行わなければ、それはダンベルを持たないただの動作になってしまうから。

ほうれい線改善や頬のたるみ、げっそり感。「唇締め」はそれらを解消できる、大きな役割を担っています。どこに効いているかをイメージしながら行うと、さらに効果を高めてくれます。

頬のたるみ

頬の一番高い部分を押さえながら、基本の唇締めをするだけ。
負荷が2箇所になるので、簡単な動きでも立派な筋力トレーニングに!

01

基本の唇締めで顔を縦に伸ばすイメージ

肩を落として首を伸ばし、基本姿勢の唇締めを。顔が縦に引っ張り合うのを意識して、鼻で息をしながら、目の奥で深呼吸するようなイメージをして。

02

頬を上へと押さえながら唇締めを10秒キープ

頬骨の一番高い場所を、中指と薬指で押さえる。このとき、指のテンションを上へ向かってかけて。唇を締めることで、頬が縦に引っ張り合って負荷をかける。

平面顔

耳前やエラなどの筋肉が硬くなると、頬骨がそれをカバーしようと
広がってしまい、顔を大きく見せてしまうことも。頬骨をつまんで骨格矯正を。

01

唇締めをしながら
頬骨を軽くつまむ

唇締めをした状態で、左側の頬を右手でつかむ。このとき、皮フが動かないよう、耳前を左手で押さえながらつかむのがおすすめ。爪は立てないように。

02

頬骨をこめかみに
向かってつまみ上げる

そのまま頬骨をこめかみ位置へつまみ上げるイメージ。これを中央→外側へと頬骨全体へと移動させながら、つまみ上げて。反対側も同様に繰り返して。

KIMRA視点 ヒトの身体は、ニュートラルな状態に戻ろうとする働きがある

鼻が低い

高い鼻筋になるようイメージしながら、上へ上へとイメージしながら、
マッサージすると、いつの間にかスッキリとした高い鼻へ!

01

ひじを固定しながら 鼻筋の側面に指を置く

まずは唇を締めた基本姿勢からスタート。中指と薬指の腹を鼻筋の側面に置き、ひじはテーブルなどにつく。安定して左右から負荷をかけやすくなる。

02

鼻筋のサイドを 5秒間ツボ押し

そのまま鼻筋の側面を、グーっと指の腹で5秒程度ツボ押し。鼻は意外とむくみやすいので、ツボを押すことで、リンパが流れてスッキリとした印象に。

鼻のむくみ

意外とむくみやすい鼻筋。鼻の側面を
流すようにマッサージして滞りをオフ。

01

鼻の側面を押し上げて流す

ツボを押したまま、上部へ向かって流す。三角形を作るようなイメージで鼻側面を流して。このとき、指の方向を下げてしまうと、シワなどを作るのでNG。

02

眉間を押さえながら上へと引っ張り上げる

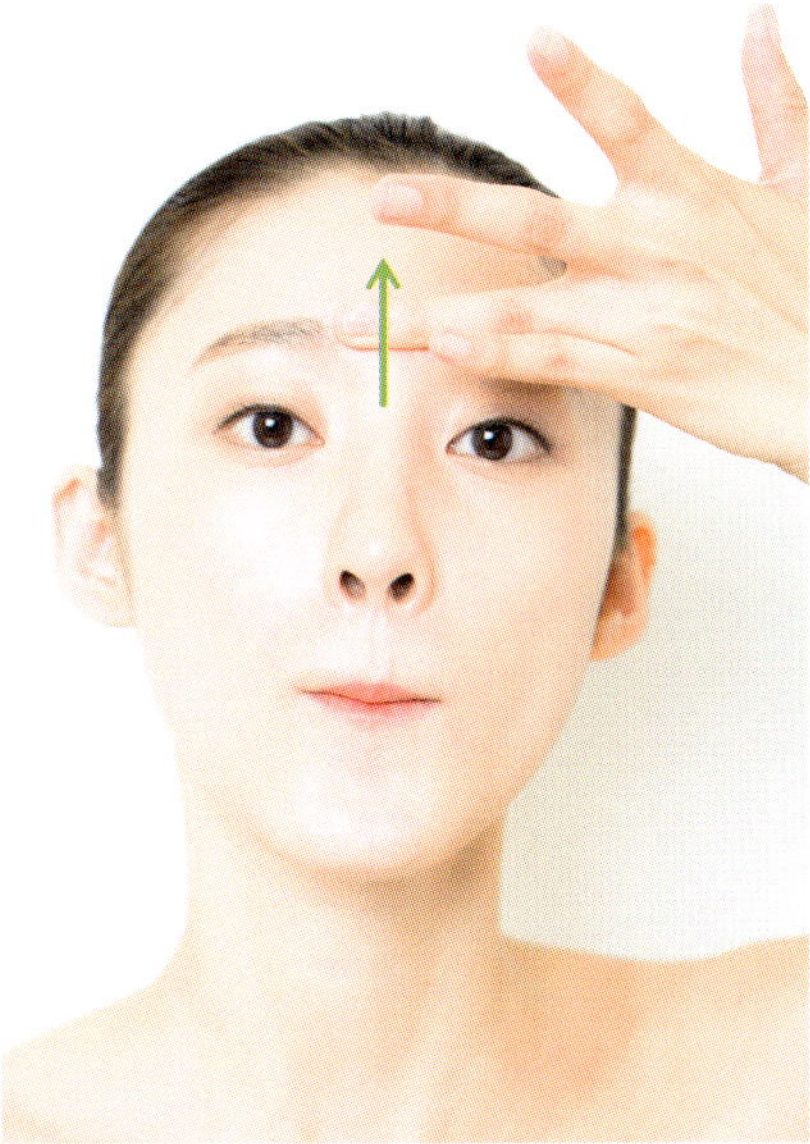

薬指で眉間を押さえて、テンションを上へ。唇締めをしていることで縦に引っ張り合うので、むくみ取りだけでなく、鼻筋を高くする効果も期待できる。

笑顔は横ではなく縦意識

笑顔には、様々な種類があります。大笑い、微笑み、作り笑い、薄ら笑い……。心から笑えているのなら、それが良い笑顔であることは間違いないのですが、不安や緊張などで筋肉がこわばると、顔の表情に影を落としてしまうことも。

お客様の1人で、怒っている訳でもないのに、笑顔になろうとすると途端に険しい顔になってしまう方がいました。その方は、猫背だったのですが、ゆっくりと姿勢と呼吸法を改善していく方法を取りました。皆さんも落ち込んだりすると猫背になったりしてしまいますよね？ **猫背は肋骨の動きを悪くしてしまうので、呼吸が浅くなり、ネガティヴ思考になりやすいんです。**その方も姿勢が美しくなった今では、自然と口角も上がり、とても笑顔が素敵な女性へと変化しました。そのぐらい、姿勢と心は連動しています。

心から笑っているつもりなのに、そう見られないという方もいます。それはもしかしたら、口を真横に開いて笑っている可能性も。これは「笑筋」という筋肉が使われているのですが、嘘笑いや作り笑いをする筋肉と言われています。顔の表情筋は側面には連動していないので、口を横に広げるのでは、目が笑っていない印象になってしまうのです。

もし、笑顔に自信がないならば、顔の上下を意識して笑いましょう。

口角の上げ方

好印象を与える笑顔は、顔を横ではなく、縦にテンションをかけることが大切。縦方向に表情筋をほぐすストレッチを。

01

ニコッと笑いながら頬を引き上げて固定

歯を見せて笑った状態で、小鼻横の頬骨との境目を薬指でしっかり固定。こうすることで、頬の垂れるのを予防＆ほうれい線を解消する効果も期待できる。

02

頬を押さえながら口を縦に大きく広げる

そのまま縦に口を広げる。美しい笑顔は、表情筋を横ではなく、縦に広げることが大切。笑ったときに使う筋肉をほぐし、笑顔を作りやすくする効果あり。

KIMRA視点　笑う練習より、思わず笑顔になる体験が一番のトレーニング

COLUMN

美顔器の使い方

綺麗になる美顔器も使い方を間違えると、シワやたるみをさらに引き起こす可能性も。必ず唇締めで顔の皮フをフラットに!

OK

唇締めを行うことで、アイロンがけの際の布を押さえる手の役割に。ピンと皮フが張った状態だからこそ、老廃物が流れやすくなり、シワを作るのを予防!

NG

美顔器を使うときはアイロンがけをイメージして。皮フをたるませながら美顔器を転がしても、肉を上に移動させているだけ。かえって目まわりにシワを作る。

CHAPTER

4

目まわり

顔の見た目年齢を最も左右するのが、目元ゾーン。
筋力トレーニングはもちろん大切だけど、皮フが薄く
デリケートな部分なので、筋肉の流れを知ることが大切。

目に呼吸を入れて
目力美人へ。

by KIMRA

まぶたの筋力低下がクマを作る

僕の中で顔を建築物に例えるなら、唇が土台、頬が柱、目元は天井に当たります。そんな顔の中でも主役である目元。「目は口ほどに物を言う」という言葉通り、顔の印象に大きく影響を与えます。

この土台（唇）と天井（目）をしっかり締める（閉じる）ことができると、その間にある柱（頬）も安定します。逆に、まぶたの筋肉が低下すると、頬の筋肉が下方へ引っ張ったり、重力で下方へ脂肪を下げたりし、目の下のたるみを引き起こします。目の上より下がたるみやすいのは、下まぶたは重力に逆らってつぶる力を必要とするため、意識の放棄をすると真っ先にたるみ始めるのです。

下まぶたには顔の古い血液を心臓へ送り返す「静脈」が通るのですが、この「静脈」は筋肉が収縮することで、押し出すように血液を心臓に返します。だから、**まぶたの筋力が低下してしまうと、目の下にダムのような血行不良を引き起こします。**これはクマの原因である罪な行為。

ちなみにまばたきは無意識に起こる反射なので、筋肉を鍛えていることにはなりません。負荷をかけて初めて筋肉は育っていくということを忘れないように。

呼吸に関与する組織の筋膜は、目の奥のこめかみの骨（蝶形骨）までたどり着くと言われています。そして目を動かす筋肉もこのこめかみの骨に接しています。

ということは、こめかみの骨に向かって大きく呼吸し意識を向けることは、目の筋肉に刺激を入れて、目の動きをサポートする要因のひとつ。こめかみの骨と目の筋肉との構造上、大きく吸ったときには目力が入り、吐いたときには目力が抜けます。姿勢を良くした上で行うことが前提です。もし猫背やねじれた姿勢で吸ってもあまり目力が入らず大きな目にはなりません。それどころか筋膜のテンションが抜けて眼球がその位置で保っていられないので、重力に負けて下まぶたを潰します。するとどうなるかは、皆さんならイメージは湧きますよね？

重力に負けて垂れてしまった眼球は、下まぶたに存在してくれている脂肪を潰し、そこから脂肪をどかし始めます。すると大切な下まぶたのボリュームはダウンし、薄い皮フがさらに薄くなり、静脈が透けて見える『クマ』が存在しやすくなります。あくまで一つの要因ですが、リスクを回避しておくに越したことはありません。

姿勢を正した上で、目の奥で吸って目の奥で吐いているくらいの気持ちで過ごしてみましょう。スキンケアでアイクリームを塗る時も同様です。日々の積み重ねが、下まぶたの財産を守ってくれるかもしれません。

クマ

目まわりは皮フが薄く透けやすいため、脂肪を移動させてしまうと
逆にクマを目立たせてしまうのでNG! 脂肪を止めることを意識して。

01

筋肉の流れに沿って目尻から目頭へ

目まわりのマッサージは、必ずアイクリームなどを塗るときに。筋肉が流れる、外側から内へ向かって優しく流す。目の下の脂肪を均一に整えるイメージ。

02

こすらないように目尻からタッピング

さらに、目の下の老廃物を流すため、中指と薬指の腹を使い、優しくタッピング。こすらない&力が入らないように注意しながら、目尻下からスタート。

03

皮フを骨に押し付ける イメージで目頭へ

目尻下から目頭へ。このとき、皮フを骨へと押さえつけるイメージ。目まわりは薄く、肉が落ちやすいので、強めのマッサージはクマやたるみの原因に!

04

目の下の皮フをつまみ、上下&左右に振る

親指と人差し指で目の下を軽くつまむ。鼻でゆっくりと深呼吸しながら、指を左右、上下に振るように動かす。老廃物などを流し、うっ血を解放できる。

KIMRA視点　目を大きくしようと、おでこの筋肉を使うことはナンセンス

間違ったケアが目元を老化させる

まぶたを閉じる筋肉を「眼輪筋」と呼びます。

この眼輪筋は構造としては目尻（目の外側）から目頭（目の内側）へと走っている筋肉です。この筋肉が収縮すると、外から内側へ向かってゴムが縮まるようにまぶたをつぶってくれます。

試しに目尻を押さえてまぶたをつぶるのと、目頭を押さえてまぶたをつぶるのとでは、明らかに目尻を押さえた方が、負荷が掛かるのを感じるはず。それが、**目尻から目頭、つまり「外→内」に流れている眼輪筋。**

ところで皆さんは、アイクリームを塗るとき、どのように塗りますか？ 多くの方は、内から外に向かって、目頭から目尻へ向かって塗るのではないでしょうか？ これ、実はたるみやクマ、シワなどの目元のお悩みを悪化させてしまうので、今すぐやめましょう。

目の下のたるみは、眼輪筋低下による脂肪のたるみ。**外へ向かってマッサージを繰り返すと、目の下の脂肪が外側へと流れてしまうので、それがたるみを作ります。さらには、せっかくあった目の下の皮フを薄くし、クマを目立たせてしまいます。**目の下の脂肪は、それでなくても少なくなりやすいので、なるべくその場に止めておく必要があるのです。

まぶたの皮フは、顔の中でも最も薄い場所。なぜなら、まぶたを開け閉じしやすいよう、動きやすくなっているため。だからこそ、横に流してしまうのは、せっかくの脂肪を外に流して、クマを作ってしまったり、横ジワを作るのをアシストしているだけなので、注意してください。

アイクリームを塗るときは、**横にこするのではなく、骨に向かって押すようなマッサージがおすすめ。**目の下は血流が悪くなりやすく、老廃物が溜まりやすいので、デトックス効果がかなりアリ。ただし、本当に目の下は繊細な場所なので、強く押しすぎないように。

外から内へ。皮フをこするのではなく、骨に入れ込むつもりで。さらに、唇を締めて、目の下の眼輪筋と引っ張り合うようなテンションを作りましょう。この3つを忘れずにアイクリームを塗れば、目尻のシワも、たるみも、クマも一発でケアをしてくれます。良かれと思ってしているケアも、かえって老け顔を作っている場合も。筋肉構造は知っておいて損はなし。適材適所をきちんと知るだけで、見た目年齢の若返りは夢じゃありません。

目の下のたるみ

目の下に横に流れるように刻まれたシワは、眼輪筋を上下に鍛える
トレーニングで解消。おでこのシワ解消にも実は効果的!

01

おでこを押さえながら
テンションを上へ

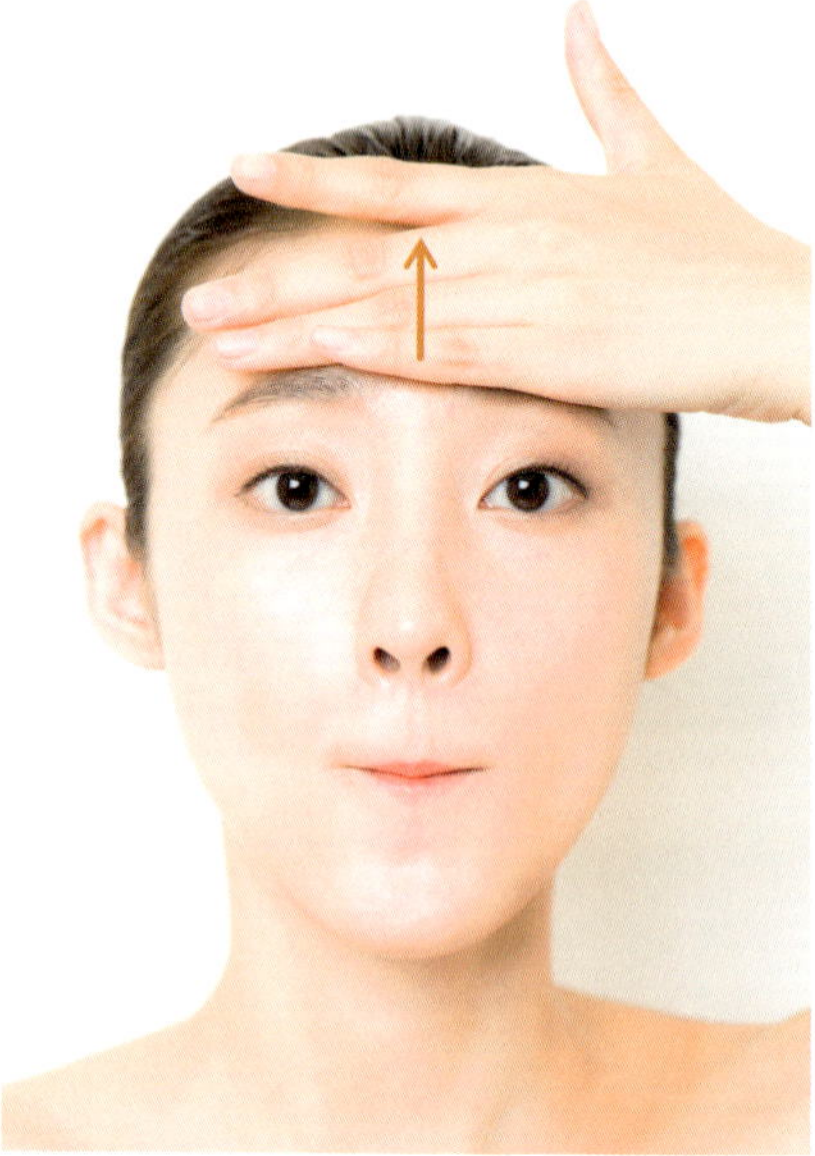

唇を締めた基本姿勢を取り、手でおでこを押さえる。このとき手のテンションは、上へと引っ張り上げるようにするのがコツ。縦方向へと負荷がかかる。

02

おでこを引き上げながら
まぶたを開け閉じ

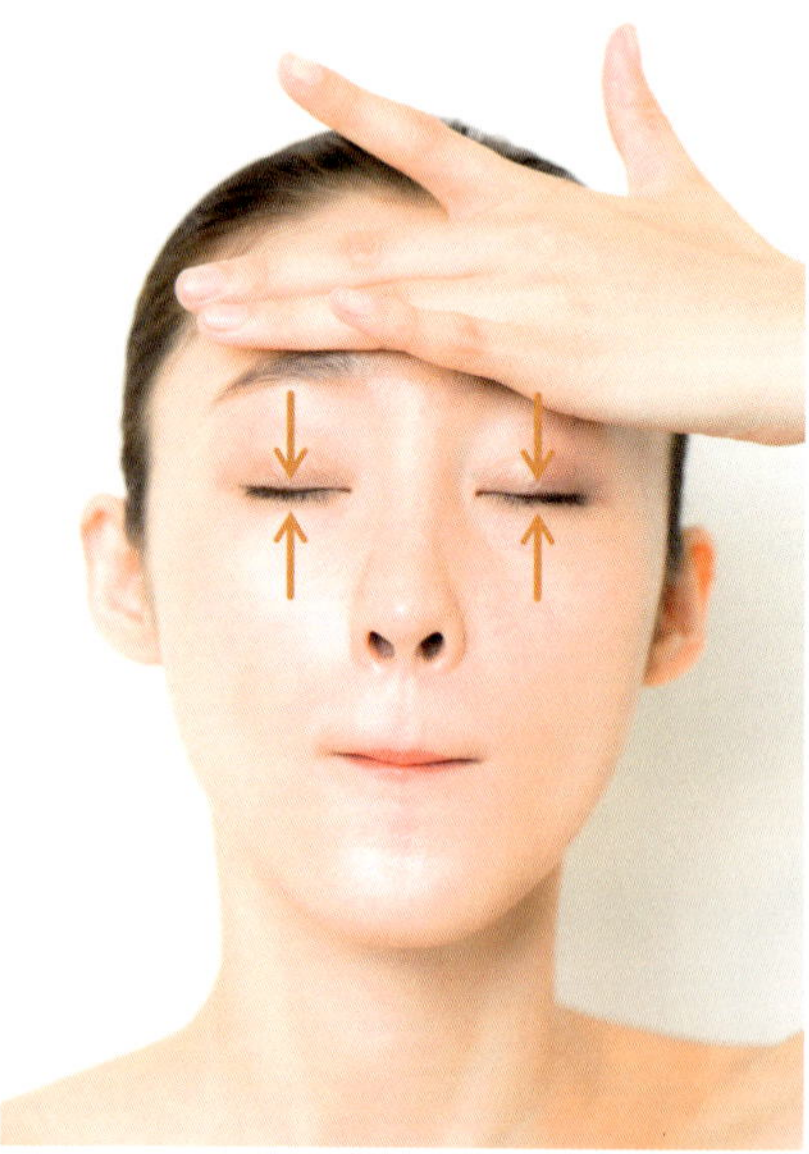

手は上へ引き上げたまま、まぶたを閉じる。唇締めと相まって、眼輪筋の上下へと負荷がかかるので、目頭側への筋力が強化。目の下のシワ予防に効果的!

目尻のシワ

目の下にテンションをかけながら、まぶたを開け閉じ。
目尻の筋肉を鍛えながら、シワをフラットな状態に伸ばしてくれる。

01

**目頭と目尻を
チョキの指で固定**

唇を締めた基本姿勢を取る。そのまま、指をチョキの状態にして、目の下へ。人差し指の腹を目尻、中指の腹を目頭へと軽く押さえて負荷をかける。

02

**チョキで固定したまま
まぶたをゆっくり開け閉じ**

まぶたの開け閉じを10回。目の下を左右に引っ張りながら、まぶたと唇で上下に引っ張り合うので、目尻側の筋肉を鍛えて、目尻側のシワができにくくなる。

呼吸で目の大きさが変わる

歳を取って目が小さくなった、と感じたこと・または聞いたことはありませんか？これは、まぶたの筋肉の低下による、たるみが原因。

話が逸れますが、「目を見開いてください」と言われ、本当に「目だけを」見開ける人って、実はごくわずかだと思います。目を見開いたまま、鏡を見てみてください。ほとんどの人が、おでこに横ジワを作っているのではないでしょうか？そして、おでこに横ジワを作ってしまった人は、目を見開いたときにまぶたを重たく感じたはずです。

まぶたを閉じるために使う筋肉は、外側の目尻からスタートしています。目頭を意識して目を見開こうとすると開きづらいため、それをカバーしようと、眉を上げて目を見開こうをしてしまいます。この結果、おでこにシワを作ってしまいます。つまり、**おでこにシワを作ってしまった人は、まぶたの筋肉がきちんと働いていないという証拠。**このまま毎日過ごしていたら、まぶたの筋肉はどんどん衰えて、小さい目になってしまいます。

ではどうすれば良いのか。目を開くときに目尻を意識してみてください。すると、おでこにシワを寄せずに、パッと見開けるようになったのではないでしょうか。ここで、基本の「唇締め」をしながら、目尻から開いてください。より意識がしやすくなるはず。

この「目尻を意識して目を開く」と同時に大切なことは、「目の奥で呼吸をする」ということ。

呼吸の話をすると、鼻と口どっちでやるべきか？ という論争になりますが、瞳を大きく、美しい顔になりたいのであれば、目の奥で行うべき。これは、実際には鼻呼吸でも口呼吸でもどっちでも良くて、**目の奥で呼吸するように意識すべきということ。**なぜなら、呼吸に関与する、肺や気管などを包む筋膜は、口や鼻を通り過ぎて目の奥の骨（蝶形骨）に付着しているから。つまり、目の奥まで意識して呼吸しなければ、まんべんなく呼吸できていないということになります。それが、呼吸の浅さに繋がります。

目の筋肉や動かす神経は、この目の奥を通るので、呼吸を目の奥で意識すると眼球に力が入るのです。その結果、目まわりの筋肉を使うようになるので、まぶたの筋力低下予防に効果的なのです。

歳を取ると筋力は低下します。普段姿勢や使い方を意識しない方は尚更。骨格や内臓と同様に、呼吸に関与する器官も姿勢が悪いと、筋膜のテンションが保てずたるんでしまいます。呼吸器の天井である目の奥に意識がなければ総崩れするので年々目は小さくなっていくでしょう。

「目尻を開く」「目の奥で呼吸する」でぱっちりした目を育てていきましょう。

まぶたの重み

目元を小さく見せる、腫れぼったいまぶた。まぶたを引き上げる
トレーニングをすることで、重たい目元がぱっちり開く！

01

眉を引き上げながら
唇を締める基本姿勢を

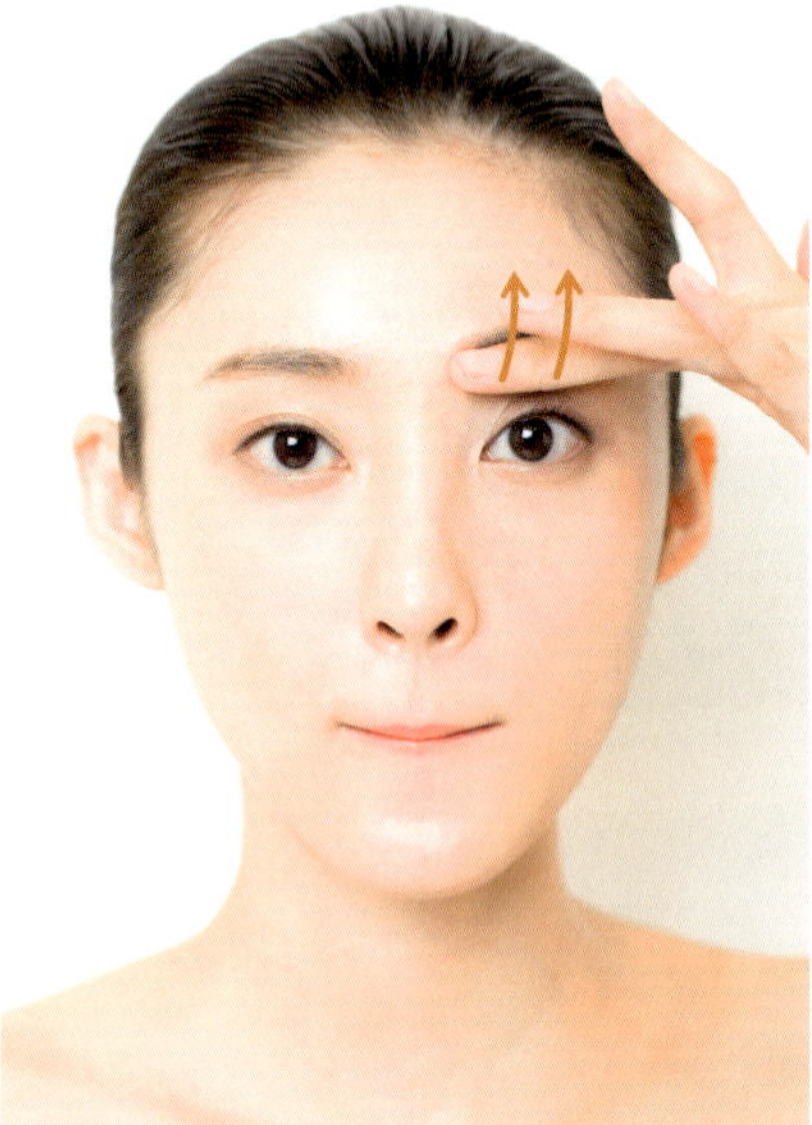

基本の唇締めからスタート。薬指の側面で、片方の眉を押さえる。このとき、眉を押さえている指のテンションは、上方向へ。まぶたを引き上げるイメージ。

02

眉を上げて固定したまま
ゆっくりとまぶたを閉じる

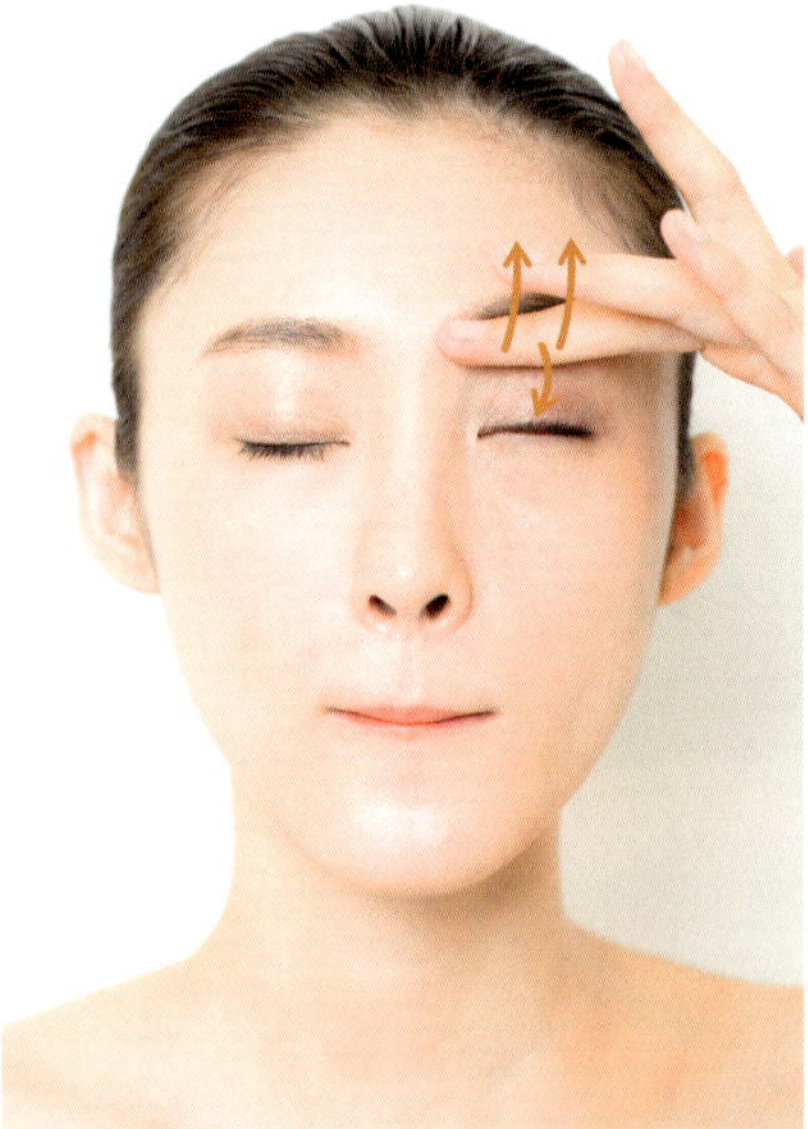

そのまま、まぶたをゆっくり開け閉じ。これを左右10回ずつ繰り返して。眉を引き上げる際、おでこや、目まわりにシワを作らないように注意して。

ぱっちり目

唇を締めた状態でこめかみを引き上げ
目尻の筋肉を鍛えながら、シワをフラットな状態に伸ばしてくれる。

01

こめかみをツボ押しして目元のむくみをスッキリ

こめかみのくぼみを、中指と薬指で押さえる。このとき、ツボを押すように力を入れて。こめかみは、目まわりの老廃物の排水溝のような役割をしてくれる。

02

唇を締めたままこめかみを引き上げ

そのまま、こめかみ部分をおさえた指のテンションを上へ。このとき、あごが上へと上がらないように注意すると、さらにまぶた周囲の筋肉に負荷がかかる。

KIMRA視点 リラックスしたければ、目をつぶって蝶形骨からゆるめるイメージを

まぶたの筋肉低下が怒り顔に

眉間のシワは怒りのシンボル。癖になってしまうと、怒っていなくてもシワとして刻まれ、怒っているように見えてしまいます。そんな損をしないためにも、構造を理解しておくことが大切です。

眉間にシワがよるということは、眉毛の筋肉同士を寄せるような動作です。ですが、まぶたを閉じる眼輪筋が弱い方が、勢いよくまぶたを締めようとすると、眉間にシワを寄らせてでも締めようとします。いわゆる代償動作です。

なるべく眉間にシワを作らないためにも、眉頭ではなく、眉尻側に意識を持ってくることが大切です。これは「目尻を開く」や「目の奥で呼吸する」と同じような感覚で、これらと組み合わせると、眉間がフラットになる感覚がつかめるようになります。

ストレスや眼精疲労も、無意識に目を細めたり眉間にシワを寄せたりすることがあります。**疲れを感じたら、姿勢を正しながら胸に手を当て、目尻を意識しながら鼻から息を吸って深呼吸。**これ、意外とリラックスできるのでおすすめ。

もちろん、怒らずに笑顔を絶やさないということも大切です。眉間にシワを作って笑うって思いのほか難しいですよ！

CHAPTER 4 目まわり

眉間のシワ

表情を暗く、不機嫌そうに見せてしまう眉間のシワ。一度刻まれてしまうとなかなか取れにくいので、眉間〜眉をマッサージしながらシワを伸ばして。

02
そのままこめかみに向かってゴリゴリ流す

そのまま、眉頭からこめかみに向かって上下にほぐす。眉上は表情筋の境目で負担がかかりやすく、凝りやすい部分。ゴリゴリ感がなくなるまでマッサージ。

01
指の第一関節で眉間のシワを伸ばす

唇を締めた基本姿勢を取る。手をグーにした指の第一関節で、眉間を上下にマッサージ。眉間を寄せてしまう凝り固まったクセを、フラットにほぐす。

KIMRA視点 身体や生活、性格の結果は、顔に表現されている

眉の歪みは身体の歪み

よく眉毛の高さが違うという悩みを聞きます。この眉の左右差は顔の筋肉の影響ももちろんありますが、どちらかというと**おでこから背中、足の裏まで繋がる筋膜の影響が大きかったりします。**

筋膜というのは、決まったルートを通って身体全体を繋いでいます。足の裏からの筋膜は、脚や背中の裏面の筋肉たちを包みながら上行し、頭を通っておでこまで繋がり、最後は眉毛まで繋がっています。

簡単に言うと、**おでこの筋肉は、その筋肉を被う筋膜が繋がっているため、背中などの姿勢の影響を受けやすいということ。身体がねじれたり、歪んでいることで、眉毛の高さに左右差を生んでしまうのです。**

例えば左の眉毛が高い人は、左の背中や裏ももが力みやすく、凝りやすかったりします。座ったときに、左側の太ももに重心を置いている人が多いですね。

改善方法としましては、座りながら反対側の右太ももを持ち、外側へとねじるようにストレッチをしてみてください。これだけでも、身体のねじれはかなり改善できるはず。

また、「目尻を意識して目を開く」というだけでも、眉や身体の歪み改善には効果はかなりあります。

眉の左右差は身体の歪みだけでなく、まぶたのたるみがそもそもの原因ということも。おでこでまぶたを引き上げようと眉の筋肉に負担をかけるため、歪みを引き起こしてしまっているのです。これは、「目尻を意識」しながら目を見開くことが上手になると、眉の位置は揃ってきます（このお話は、Ｐ62の呼吸で目の大きさ〜の話で詳しく説明してあります）。

眉毛は背中からおでこにつながる筋膜と、表情筋の筋膜をつなぐパイプ役。眉毛は表情筋がぶら下がっている境目部分だからこそ、負担がかかりやすく、凝りやすい場所。

眉を軽くグリグリとマッサージしようとすると、異様に痛さを感じるかもしれません。でもそれは、老廃物が溜まっている証拠。キリッとした引き上がった眉や、歪みレスな顔を目指すためにも、そして疲れ目解消にも効果的なので、毎日マッサージする癖をつけましょう。

このときも、必ず基本の唇締めを一緒に行って。顔の筋肉が上下に引っ張り合うので、マッサージ効果をより高めてくれます。

眉位置のズレ

眉の左右差は、表情筋と背中から伸びるおでこの筋肉のズレが影響を与えていることも。まずはおでこをほぐすマッサージを。

01

おでこを内から外へ
グリグリとほぐす

おでこの筋肉は、背中から繋がっているため、姿勢などの影響を受けやすく、凝りやすい部分。まずは唇を締め指の第一関節を使って、中央から外側へ向かってほぐす。

02

こめかみ位置を押さえ
唇締めをキープ

唇を締めた状態のまま、こめかみ位置を中指と薬指で押さえる。そのまま10秒間キープをして。目尻からしっかり目を開くのを意識するのもポイント。

03

手のひらの下部で眉を上へと引き上げる

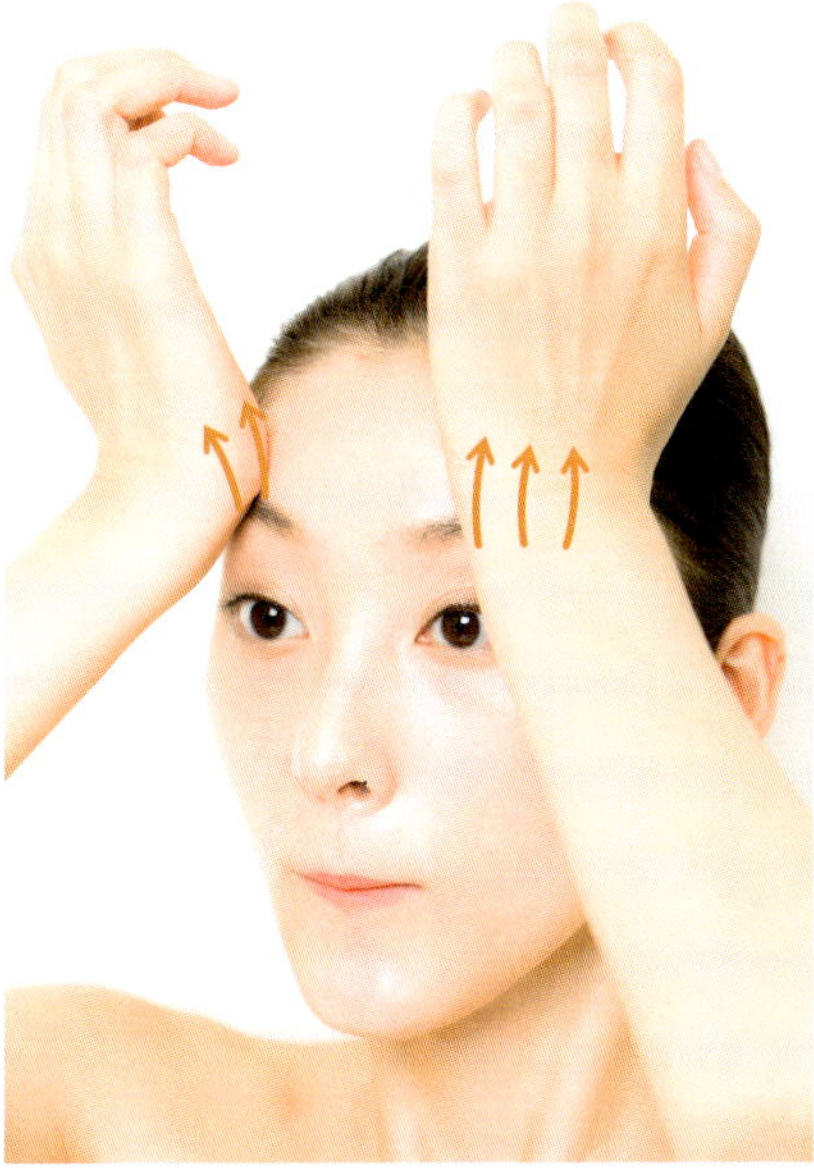

唇を締めた状態のまま、手のひらの下部で眉を押さえる。このとき、テンションは上方向へ向かって。おでこや目まわりにシワを作らないように注意して。

04

眉を引き上げたまま顔を前へと倒す

手のテンションは上へと引き上げたまま、顔を前へと倒す。これを3秒カウントしながら倒す→戻すのを繰り返す。骨を押さえるように負荷をかけて。

表情筋のたるみは姿勢が作る

おでこの筋肉は、身体の背面から頭を通って眉毛に繋がっています。顔を動かす筋肉を表情筋と呼びますが、実はこの**表情筋を包む筋膜は、おでこの筋肉にぶら下がるように存在していると言われています。**

つまり、美しい姿勢だと、おでこや眉間を後方に引っ張ってくれるのですが、猫背の人は、おでこの筋肉にテンションが入らないので、下へ下へとたるむおでこになってしまいます。表情筋をぶら下げているおでこがたるめば、顔全体もどうなるか……。もう言わなくてもわかりますよね？　このように、顔と姿勢は大きく影響しあっているのです。

ちなみに、表情筋の天井がおでこだとすると、根っこは首の表面にある広頚筋です。このおでこと首が上下に引っ張り合うことで、表情筋は顔の骨にフィットして、たるみにくいスマートな小顔となります。その中間でパイプ役になってくれているのが、やはり唇。

唇締めをすることで首から下唇、上唇からおでこへ放射線状にテンションを保ってくれるので、何度も言いますが唇を鍛えることは大切なのです。

おでこのシワ

おでこにアイロンをかけるイメージで、中央からサイドへと
マッサージ。手のひらの小指球部分を使って、優しくほぐして。

01

手のひらの小指側に
テンションをかける

唇を締めた基本姿勢を取る。そのまま、手のひらでおでこ中央を押さえる。手のひらの小指側の、小指球という箇所にテンションをかけるのがポイント。

02

シワを伸ばすように
サイドへスライド

そのまま外側へ向かってスライド。これを10回繰り返す。アイロンがけのような状態となり、おでこの下をフラットな状態に。おでこの凝りもほぐしてくれる。

KIMRA視点　力だけで強くしたところで、パフォーマンスは上がりにくい

COLUMN

呼吸が浅い

呼吸が浅いと、首や肩の凝りや代謝の低下にも影響を与えるので要注意!
姿勢を正し、肋骨まわりの呼吸する筋肉を使えるようにするトレーニングを。

01

鼻から呼吸をして肋骨内に空気を入れる

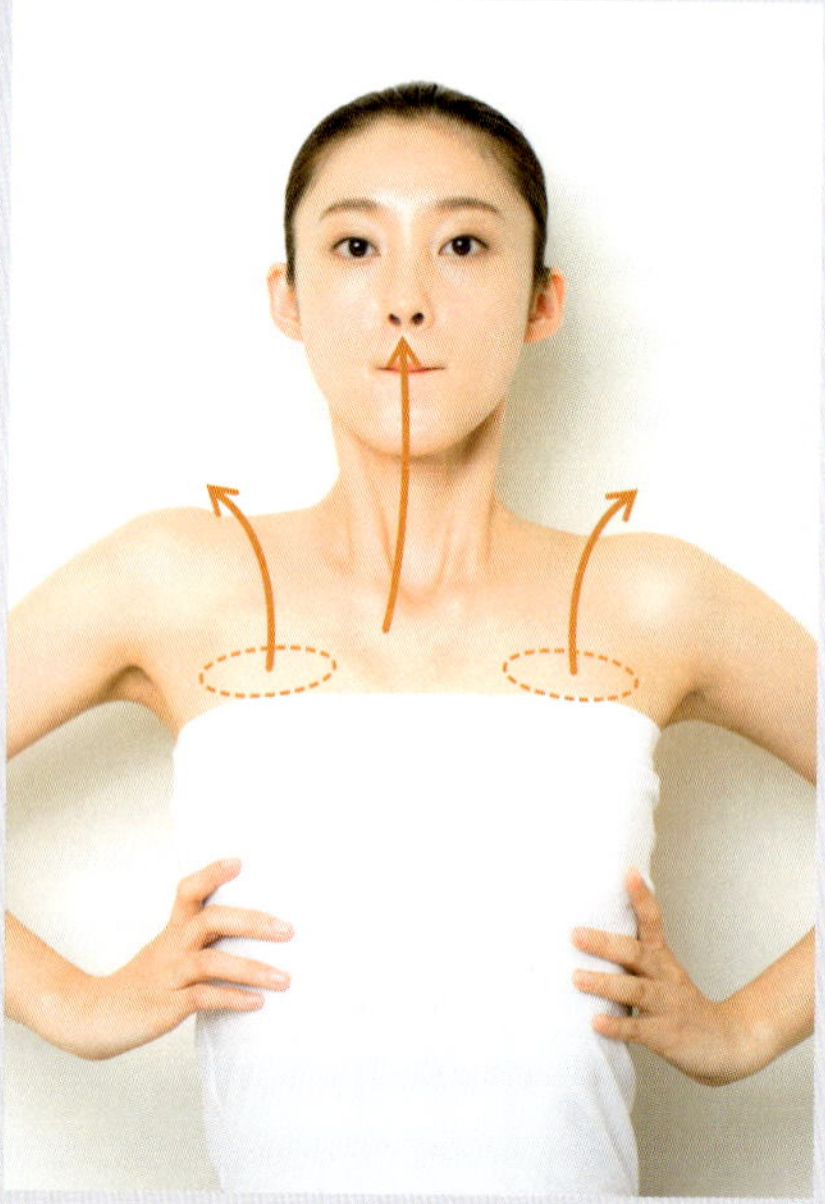

唇を締めた状態で、鼻から深呼吸。胸上を肩へと返すように、胸を開くのがポイント。肋骨を触りながら、きちんと空気が入るのを意識。10回呼吸を整えて。

02

こめかみを押さえて目の奥で深呼吸

さらに、中指と薬指でこめかみを押さえて、鼻から深呼吸。こめかみを引き上げながら、目から呼吸をするイメージを持つと、空気がしっかり体内に入るはず。

CHAPTER

5

小顔ワークアウト 日常編

小顔トレーニングだけではなく、正しい姿勢や
毎日の生活の意識次第で、引き締まった小顔は手に入る！
わざわざやるのではなく、生活の一部になるように。

日常のしぐさを ムダにしないことが 小顔への一番の近道。

by KIMRA

小指を意識するだけで美人になれる

今、目の前にあるものを手に取ってみてください。ペンでもコップでも、何でもＯＫです。あ、この本でも良いですね（笑）。

あなたの指は今、どの指を意識していますか？ 結論を先に言うと、キレイになりたければ親指ではダメ。**小指を意識して使って欲しいのです。**

小指の筋膜は、二の腕や肩甲骨を通って首につながる筋膜。**小指を意識して使うと二の腕が締まって肘が伸びやすくなり、肩甲骨が収まって背中やデコルテがキレイになります。**

逆に親指を意識してしまうと、二の腕の内側に力が入ってしまい、肩甲骨が外に開いて猫背の形をアシストします。キレイになりたい皆さんにとって、どちらがいいかは一目瞭然ですよね？

バレリーナは、小指に意識を向けることで首が長くなり妖艶な空気感を作り出せます。腕も親指を意識するよりも長く感じます。

力士は、小指から相手のまわしをつかみます。親指から握れば肩が上がってすぐ倒されてしまいます。

ゴルフだって、テニスだって、クラブやラケットを握る際は小指から握りますよね？
つまり、運動パフォーマンスも小指を意識したほうが上がるということ。

パソコンもピアノも小指を支点に他の指を動かすと腕が疲れにくいですが、親指を支点にしてしまうと、猫背になって肩コリを引き起こしてしまいます。

ペンで字を書くとき、つり革につかまるとき、バッグを持つとき、車を運転するとき、携帯を持つとき、メイクをするとき、料理をするとき、トレーニングをするとき、日常生活でまず、小指を必ず意識してください。

小指を意識して過ごす。それだけで、動作がしなやかになり、姿勢も美しくなるため、佇まいが上品になります。さらに、二の腕の外側を引き締めてくれるので、日常生活をただ過ごすだけで、トレーニングにもつながるのです。

また、指**は二の腕だけでなく、あごと連動して影響し合っています。**ギュッとこぶしを作ると奥歯を噛み締めたくなり、爪先まで手を開こうとすると奥歯がリラックスするのがわかるはずです。これも実は指の筋膜が影響を与えています。

特に親指の筋膜があごと繋がって影響を与えているので、美しい所作だけでなく、噛み締め予防をしたいのなら、まずは小指から意識して日常生活を過ごすのがおすすめです。

上半身の鍵は小指に!

小指の筋肉は、二の腕を通り、背中へと繋がっているため、大きな力を発揮するためには、親指側よりも小指側を意識した方が効果的。背中の筋肉だけでなく、腰まわりの筋肉まで可動域を広げてくれるので、肩がきちんと開き、正しい姿勢に直してくれるという効果も。普段から小指を意識しての行動を取ってみてください。

日常でも小指を意識!

日常の動作を、親指ではなく小指に力を入れるように意識するだけ。小指に力が入ると、脇の下から二の腕、肩甲骨にかけて力が入るので、自然と上半身の筋トレに!

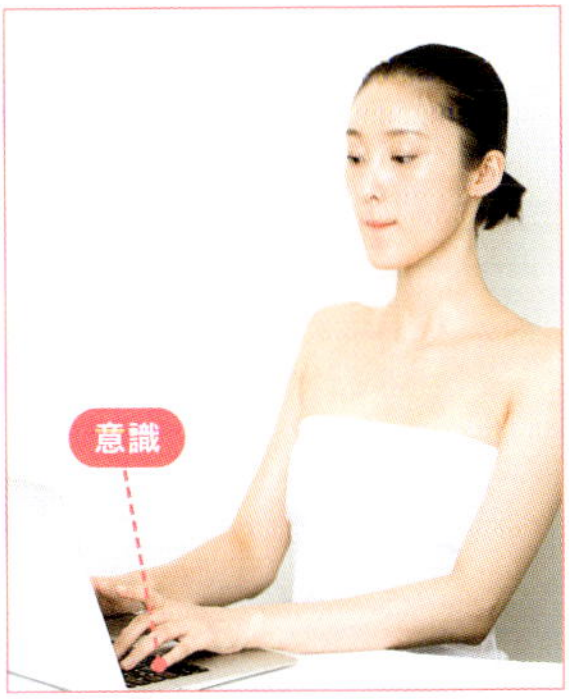

オフィス

デスクワークも小指に力を入れて。小指に力が入ると、椅子に座っている状態でも体幹がまっすぐになり、綺麗な姿勢に。

スマートフォン

親指に力が入ってしまっていると、自然と肩が内側に入ってしまい、猫背になってしまうので要注意。常に小指を意識!

ドリンク

何かを飲むという定番の動作さえも、小指を意識。所作が美しくなるとともに、二の腕を引き締めるトレーニングになる。

KIMRA視点 日常は、どこに意識を向けるかで一変する

視野の歪み＝身体と心の歪み

視野が歪むと考えたことがある方なんて、ごく少数だと思います。だけど、気がつくと向けてしまう目の方向ってありませんか？

証明写真などを撮る際に、顔を正面にレンズを見ようとすると、「ここがまっすぐ？」と違和感を感じた経験がある方もいるのではないでしょうか？　これは、普段何かを見るときに、**見やすい眼球の位置で正面を見ようと、身体や首をねじっているから。**

例えば、眼球を左へ向けることが癖づいてしまっているとします。すると、いつもの姿勢で正面を向くと、顔や上半身は右に回旋させます。これが身体の歪みを引き起こす原因に。ちなみに、こういう方の場合、逆方向の顔や上半身を左に回旋させて、眼球を右へ向けることは違和感を感じると思います。

いまの時代、スマホやＰＣの普及により、一点に目のピントを集中させたまま長時間過ごす頻度が増しているはず。すると、遠近のピントを合わせる筋肉に収縮性がなくなってしまいます。すると、眼球を四方八方へ動かす筋肉もどんどん衰え、得意な位置に必要な筋肉ばかりを使います。

この視野の歪みはもうひとつ、メンタル面にも大きな影響を及ぼします。頭蓋骨には、眼球を支える「蝶形骨」という骨があり、この上には、感情やホルモン分泌を司っている脳下垂体が存在しています。ストレスや緊張、眼球の疲れなどは、この「蝶形骨」を圧迫してしまいます。ここが圧迫してしまうと、脳下垂体のホルモン生産を低下させてしまうため、メンタルや体調にも響いてきます。これが、イライラや憂鬱な気分の引き金に。

このストレスをなるべく軽減させるべく、知らず知らずのうちに、眼球の癖で視野を歪ませ、それをカバーしようと首や身体が歪んでバランスを取っているのかもしれません。

だからこそ、**眼球を動かしにくい方向へ意識的に動かす時間を作ったり、蝶形骨まわりの筋肉を緊張させないことが、歪みのない美しい姿勢を保つためにも非常に大切なことなのです。**

デスクワーク中のちょっとした隙間時間や、寝る前などに、これから教える眼球ストレッチを習慣化してください。それだけでも、身体の歪みが改善することはもちろん、心の歪みまでも軽減させてくれるはずです。

視野の歪み

視野が歪んでしまうと、片側ばかりに負担がかかってしまうため、姿勢を悪くしたり、身体の歪みの原因に。オフィスの隙間時間などにトレーニングを。

01

唇を締めた状態で人差し指を立てる

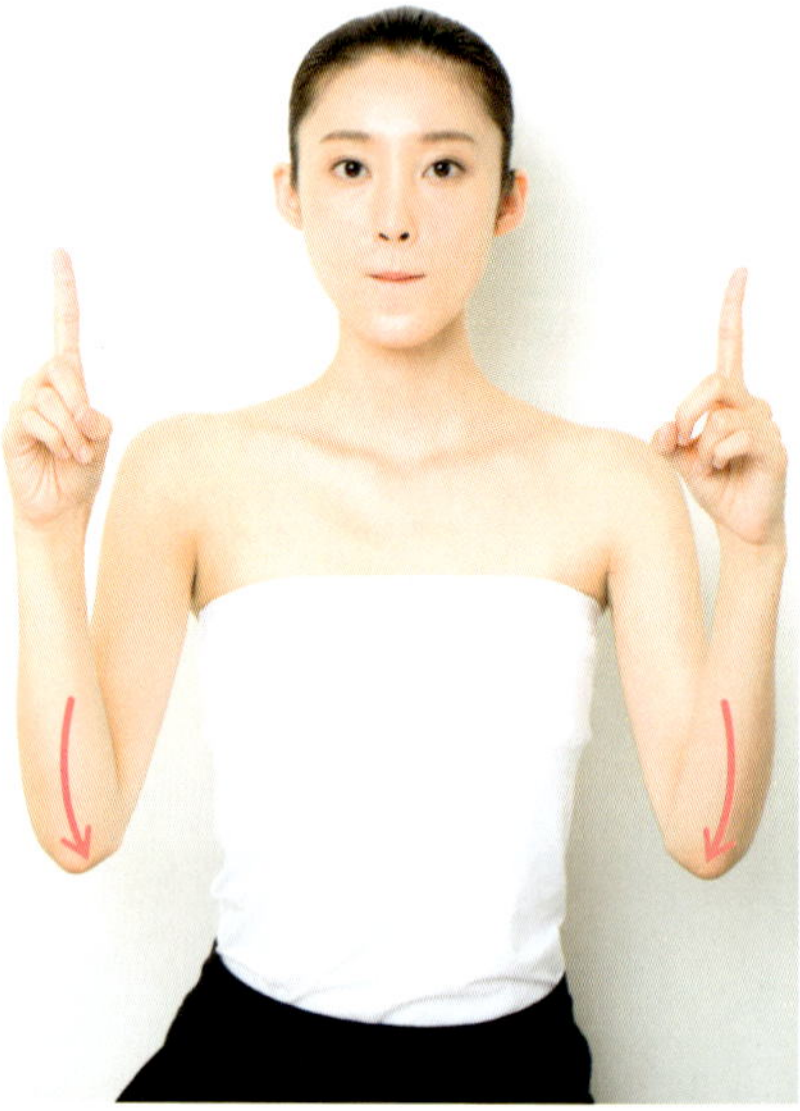

唇を締めた基本姿勢を取り、肩を落としながら、両手の人差し指を立てる。のどの奥は上へ、ひじは下へ引っ張るように意識し立つと、美しい姿勢へ。

02

立てた人差し指を見るように目線を左右に

人差し指は肩幅の位置で固定したまま、目だけを左右に動かす。3秒カウントして右指を見たら、今度は3秒カウントして左指を見る。これを交互に各10回。

03

正面に指を置いて
ジッと見つめる

人差し指を立てたまま、片手のみ中央へ。肩が上がらないように注意しながら、ひじの重心を下へと下げることで、脇の下が引き締まる効果も！

04

指を見つめたまま
鼻近くに引き寄せる

そのまま、人差し指を鼻の前まで移動。目線は人差し指から離さないように。これを10回繰り返す。反対側の手でも行うと、二の腕シェイプにも効果的。

地に足をつければ心も安定する

「地に足をつける」。それは物事を丁寧に、確実に進める慣用句的なもの。これは、精神論としてはもちろんですが、実際に身体においても、とても重要なこと。

例えば、長時間デスクワークをしているとき、足の意識はどこにありますか？　立っているとき、どこを重心にしていますか？

デスクワークのとき、足首を倒すように座っていると、骨盤が開き、倒している方の足と同側の顔も下がり、たるんでしまいます。

立っているときにかかとに重心を置いてしまうと、バランスを取ろうと首が前に出てしまい、猫背になってしまい、結果顔がたるみます。

つまり、**「地に足をつける」＝「足の指を意識する」ということ。**地に足がついていない人が締まりのない生活を送ってしまうのと同じで、足の指を意識していないと、締まりのない顔を作ってしまうのです。

スキーをするときのように、足裏の内側（土踏まず側）を床に引っ掛けて立つと、身体の中心（体幹や顔）に力が入るようになって、顔が引き上がります。バレリーナのように、足の指先までピンと伸ばして指先で地面に引っ掛けると、背骨が立っておでこが引き上がり、表情筋も引き上がります。これらは足先から頭のてっぺんまで続く、筋膜の走行ルートによって影響を受けているので、足場をきちんと意識することが、姿勢も顔も引き上げるアシストをしてくれるから。

アスリートが運動をするときにはほとんどがつま先重心だと言われています。だからこそ、身体の姿勢に携わる筋肉や大きな動作に関わる筋肉が発達するので、その延長線にある顔もたるみにくくなります。アスリートの方を見てみると、端正な顔立ちの方が非常に多いですよね？ 逆に、たるんだ顔立ちのアスリートってあまりいないと思いませんか？

実は、四つ足動物たちも同じ。つま先で歩く姿を想像できますよね？ だからこそ、背中にかけた筋肉がくびれているのです。

つま先から足の内側にかけて意識して立ってください。すると身体の軸である体幹が安定するのがわかるはず。この体幹は、内転筋や内臓、肺や呼吸筋を包みながら噛みしめる筋肉を通過して、上アゴや目の奥の骨に筋膜はつくので、足場を意識的に作ることで、内臓の動きも良くなり、呼吸も深くしやすくなり、無理な食いしばりをする必要もなくなり、目も開くようになり、結果、ほうれい線もできにくく、たるまなくなります。つまり、良いことしかない、スペシャルな結果になるのです。

足場をつくる

足場を作る＝姿勢を正し、重心位置を安定させてくれる。
正しい重心を覚えるだけで、美しい姿勢や呼吸もしっかりできるように。

01

足の指を重心に
足を広げてまっすぐ立つ

足を肩幅の広さに広げ、まっすぐ立つ。このとき、重心はかかとではなく、足の指にかかっていることを意識するのがポイント。肩は軽く落として。

02

ひじを下げながら
胸を開いて鼻から深呼吸

唇を締めた基本姿勢に取り、鼻から深呼吸。ひじを下げながら、胸上を背中側へ返すようなイメージで立つ。このとき、足の重心は内側から外へと意識して。

03

手を広げながら
上へと上げる

そのまま手を広げながら上げる。このときも足の重心は、かかとではなくつま先。足のつま先の、内側から外側へと意識する。肩は上げないように。

04

腕を左右に引っ張り
胸を広げるように立つ

唇を締め、腕は床と平行になるように横へと引っ張る。このときも、胸上を背中側へ返すように背筋を正すと、腰に負担をかけずに美しい姿勢に。

KIMRA視点 まずは2本の足で大地を感じることから

COLUMN

ボールペンマッサージ

オフィスや勉強の合間などで、身近にあるものを使ってマッサージ。
ボールペンやチークブラシの柄など何でもOK！

01 唇を締めたまま耳前を軽くプッシュ

唇を締めた基本姿勢を取る。耳前のツボを押すように、ボールペンでプッシュ。食いしばりなどで固まった筋肉をほぐし、眠気までスッキリ解消してくれる。

02 エラ下からあごまでほぐすようにプッシュ

フェイスラインの境目をはっきりさせるようなイメージで、エラ下〜あご下へとプッシュしていく。リンパの詰まりを解消し、顔立ちをシャープに見せる。

03 耳の後ろをプッシュ＆流して詰まりを取る

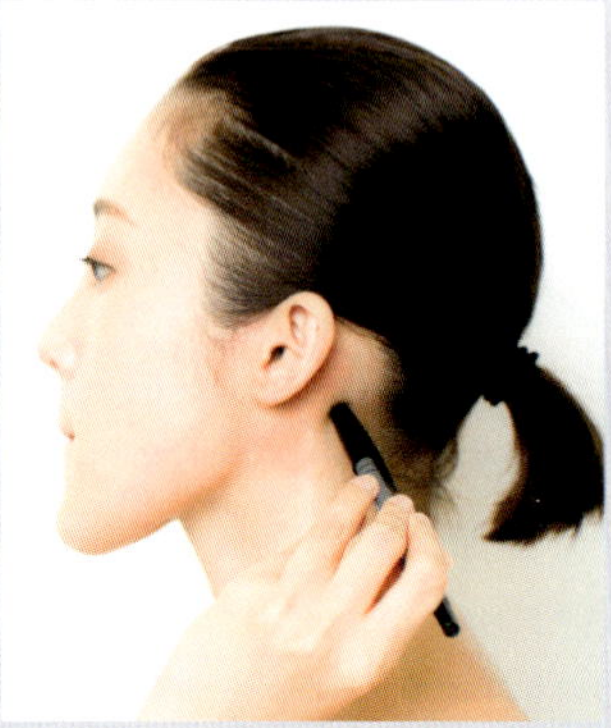

耳裏をツボ押しをするようにプッシュ。さらに、上下にさするようにマッサージ。リンパがたくさん通り、詰まりやすい場所なので、しっかりとほぐして。

04 頭皮をジグザグとさするように流す

頭皮全体をジグザグと、さするようにマッサージ。こめかみサイドをしっかりほぐしておくと、食いしばりなどで硬くなった筋肉を柔らかくほぐす効果が！

CHAPTER

6

小顔ワークアウト 上級者編

小顔ワークアウトの基本を覚えたら、上級者編をトライ。
上級者向けとはいえど、実は根本さえ理解すれば、
あとは簡単。時短に小顔を叶えてくれる！

忙しいあなたほど
美しくなるべきです。

by KIMRA

美容医療へ靭帯押さえ

おでこの前頭筋から顔の表情筋、首の広頚筋へと縦に連なる、表層の筋膜を『ＳＭＡＳ（スマス）＝表在性筋膜』と言います。簡単にいえば、顔の皮下組織を構成する表情筋とそれに繋がる筋膜のこと。

頭の側面には、頭蓋骨との連結が強い「深部筋膜」がありますが、深さの異なるこの2つが、なぜ固定されているかというと、「靭帯（リガメント）」が柱の役割をしているから。**骨とＳＭＡＳ、そして皮ふは、この細いひも状のような靭帯（リガメント）によってつなぎとめられています。**この靭帯（リガメント）がある部分は頑丈なので、たるみにくい構造だと言えるのですが、靭帯がない部分がたるむと、この靭帯の上に皮フが乗っかってしまいます。これが、ほうれい線やマリオネットラインの原因。

美容医療で顔をキュッとリフトアップする、フェイスリフトという施術があるのですが、以前は靭帯を切って引き上げていました。しかし、ＳＭＡＳや靭帯には顔面神経という顔を動かす神経が存在するため、様々な影響への心配がついて回っていました。そこで今は強靭な靭帯の存在を生かすため、靭帯よりも内側のＳＭＡＳ、つまりほうれい線やマリオネットラインの部分を切り貼りして、リフトアップさせるのだそうです。

だからこそ、**加齢によるたるみを防ぐためには、ＳＭＡＳのテンション維持、つまり靭帯（リガメント）の支えを強固にすることが必要不可欠。**

最近流行っている「リガメントほぐし」や「顔ヨガ」も良いとは思うけれど、靭帯（リガメント）は、骨やＳＭＡＳ、そして皮ふを支えるためのもの。**緩めたり、ほぐしたりしたところで意味がない……というか、かえって顔のたるみを助長しかねません。**

そこでおすすめしたいのが、**顔から首の7ヶ所の靭帯（リガメント）を指で押さえて、基本の唇締めのポーズをすること。**

このストレッチ要素が、靭帯（リガメント）へのテンションを保ちつつ、ＳＭＡＳのテンション維持にも抜群に効いて、骨にフィットしながら筋肉トレーニングに。これが、「え？これで効いているの？」と感じるほど簡単すぎるのに、かなり効果的なワークアウトになります。**靭帯（リガメント）部分を押さえることで、アイロンをかける手の支え的効果があるため、同時に唇を締めることでさらに負荷がかかり、小顔効果が高まるのです。**

各パーツを1日5回程度繰り返してみてください。これを習慣化することで、リフトアップにかなり効果的。靭帯（リガメント）にピタッとフィットした、ハリのある引き締まった顔になることを約束します。

小顔靭帯《リガメント》ストレッチ

顔の皮フや筋膜などを支えている靭帯(リガメント)をピンポイントで押さえて唇締めをするだけ。簡単なのに、小顔に効果抜群!

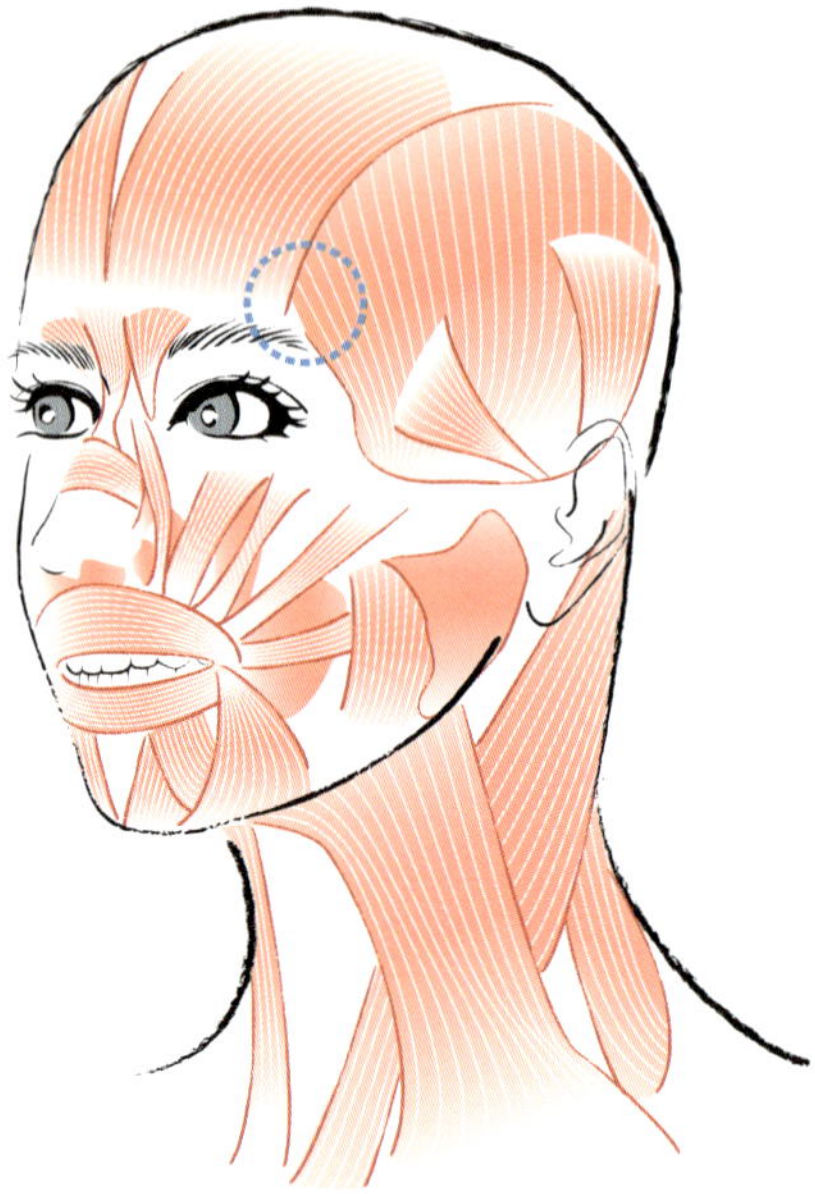

❶ 眼輪筋《がんりんきん》リガメント

目をパッチリと見せたり、シワやたるみ改善に効果的なのが、眼輪筋を鍛えるトレーニング。こめかみ位置の凹んだ部分の前部分が、靭帯(リガメント)。ここを軽く押さえながら、唇を締める&まぶたを閉じるだけで、こめかみ前の押さえた部分と、まぶたと唇がそれぞれ引っ張り合うので、簡単に筋肉ストレッチ&トレーニングに!

デカ目　目の横のシワ　目の下のたるみ

01

こめかみ前のくぼみを押さえて唇を締める

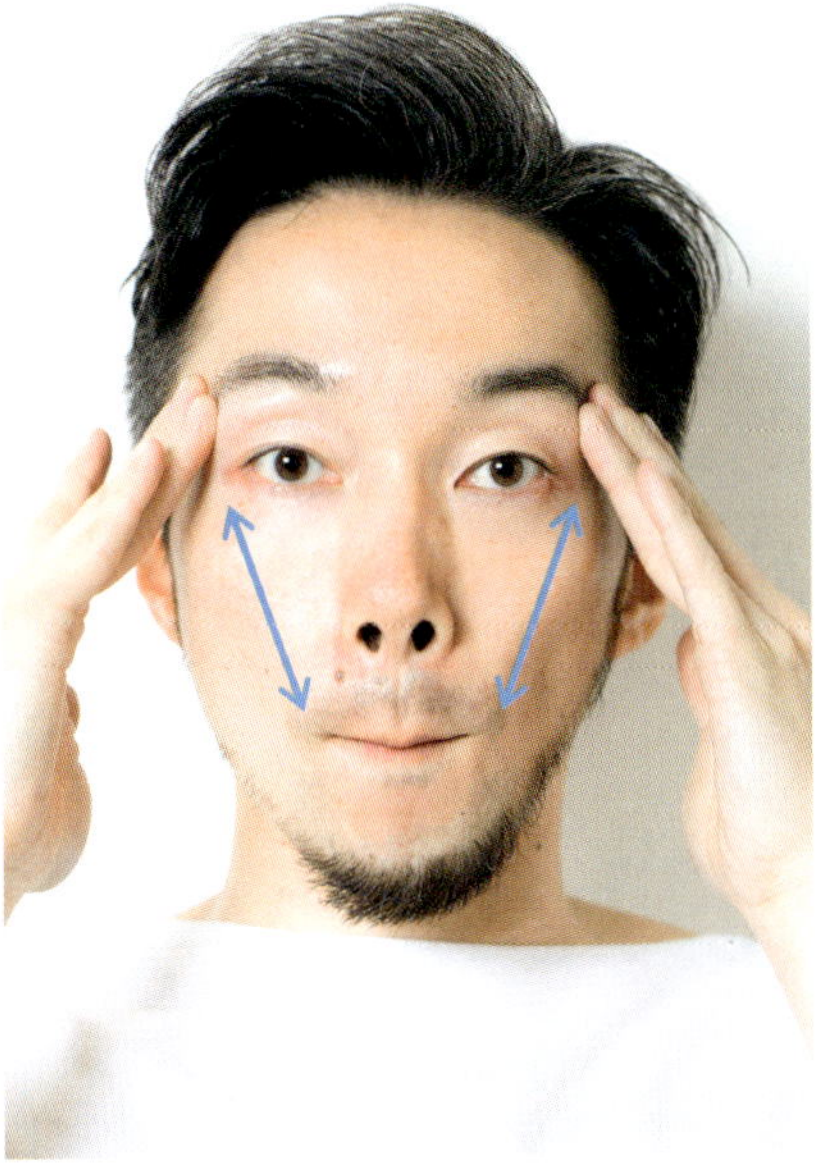

こめかみのくぼみの前にある、骨の出っ張り部分を中指と薬指で軽く押さえる。そして、基本の唇締めのポーズ。顔がしっかり縦方向に伸びているのを意識して。

02

唇を締めたまままぶたをゆっくり閉じる

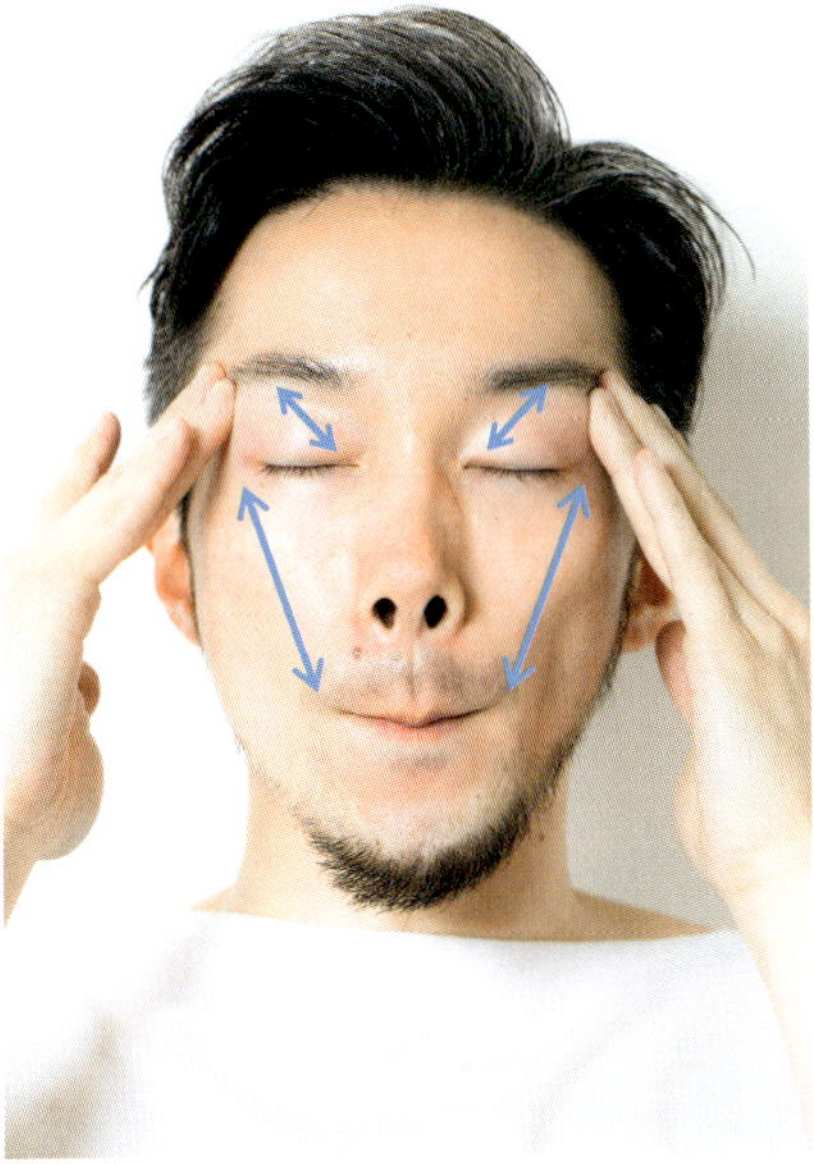

唇を締めたままの基本姿勢で、まぶたをゆっくりと閉じる。このとき、指を置いた部分が引っ張り合うような反応を感じたら、指の置いた場所が合っている証拠。

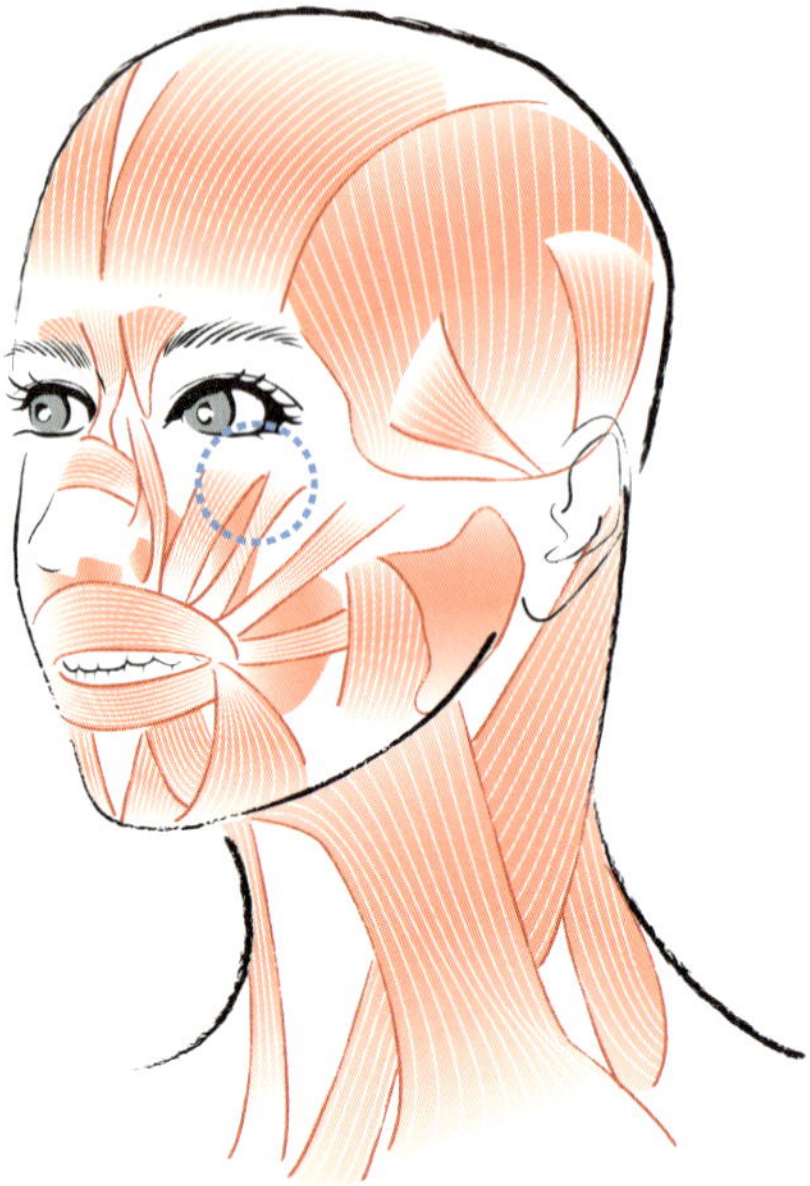

❷ 眼《がん》窩《か》下《か》リガメント

目のすぐ下にある骨部分にある靭帯（リガメント）。目は眼輪筋という、ぐるりと囲んでいる筋肉に支えられているが、実は目の下部分は日常ではほぼ動かすことがありません。そのため筋力が弱く、脂肪などによってたるんでしまうことがしばしば。だからこそ、眼窩下の靭帯（リガメント）押さえて引っ張り合うストレッチを。

目の下のシワ　**目の下のたるみ**　**ほうれい線**

01

目の下の骨部分を押さえて唇を締める

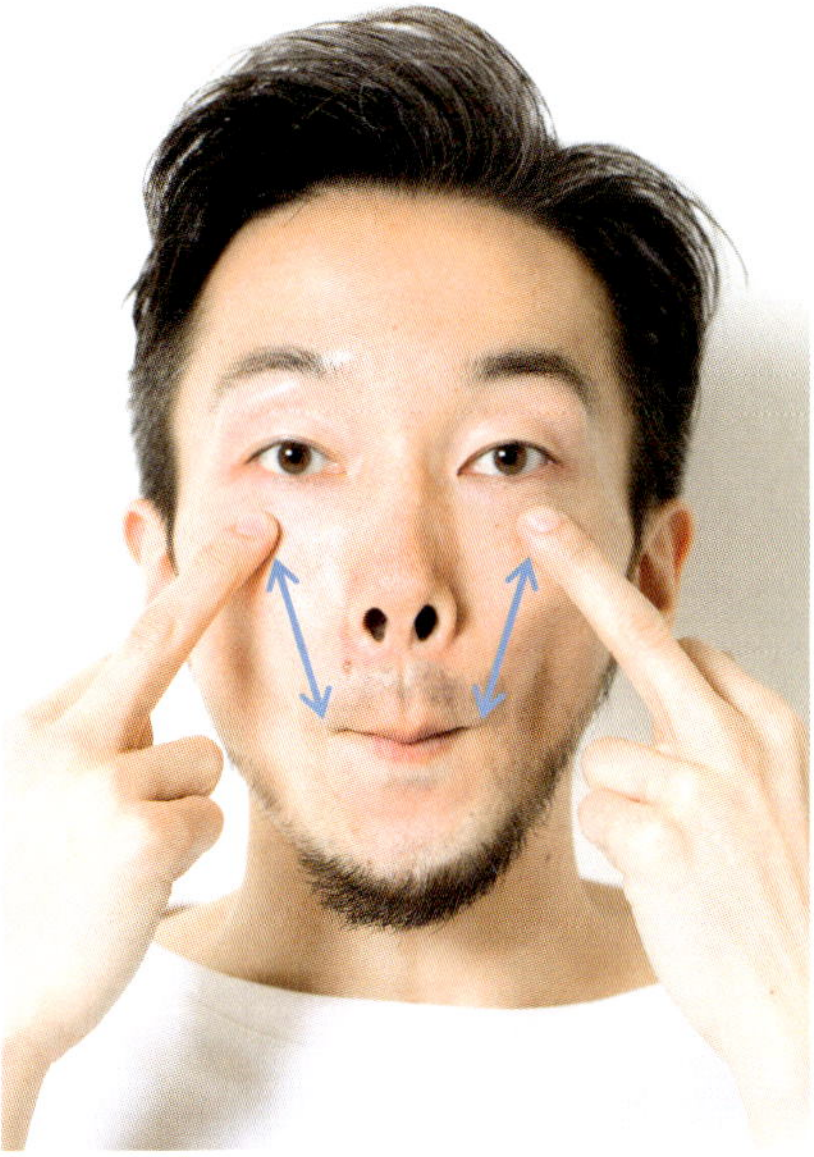

眼球の収まる頭蓋骨のくぼみの真下にある、中央の骨部分を押さえる。そのまま唇を閉じる基本ポーズに。目の下と唇が縦方向に引っ張り合うのを感じて。

02

まぶたを閉じることで目の下のたるみを引き締め

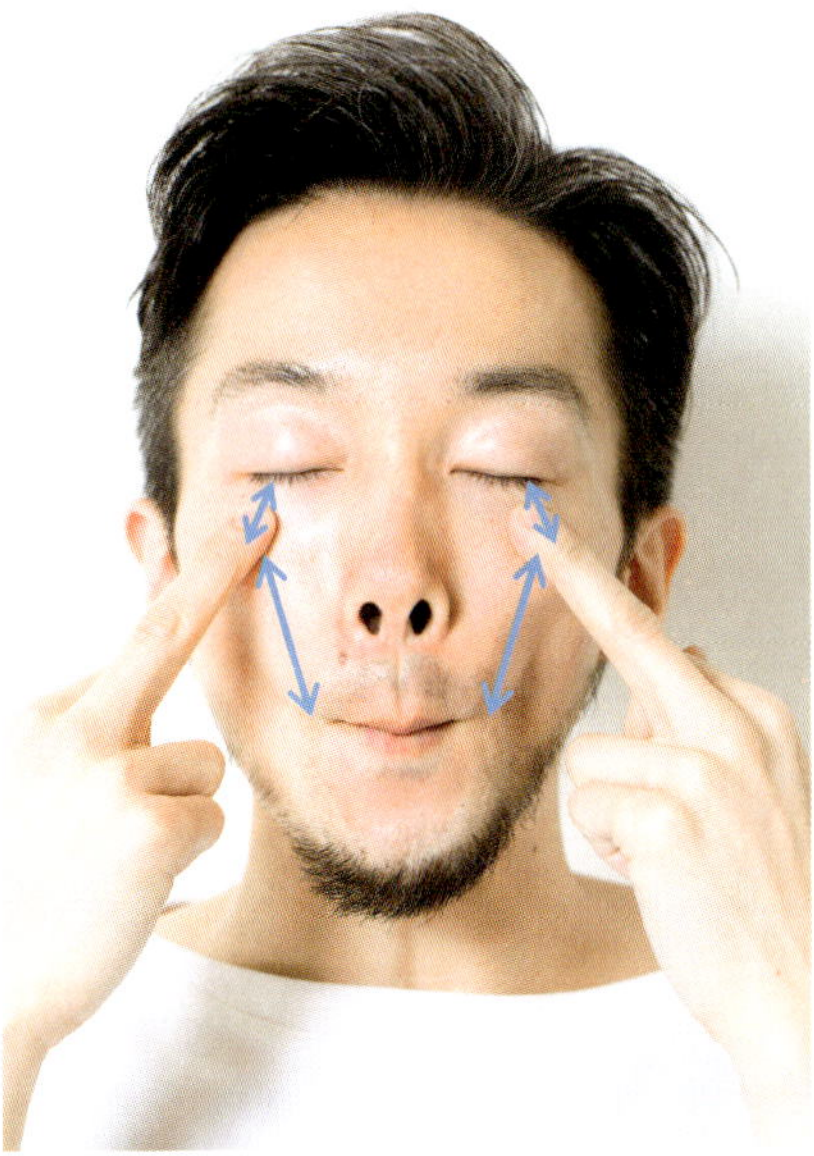

唇を締めたポーズのまま、まぶたをゆっくり閉じる。目の下のたるみやすい皮フが引っ張られるとともに、筋力トレーニングになるので、たるみやシワ改善に！

KIMRA視点　静の強さは、時に動の強さをも上回る

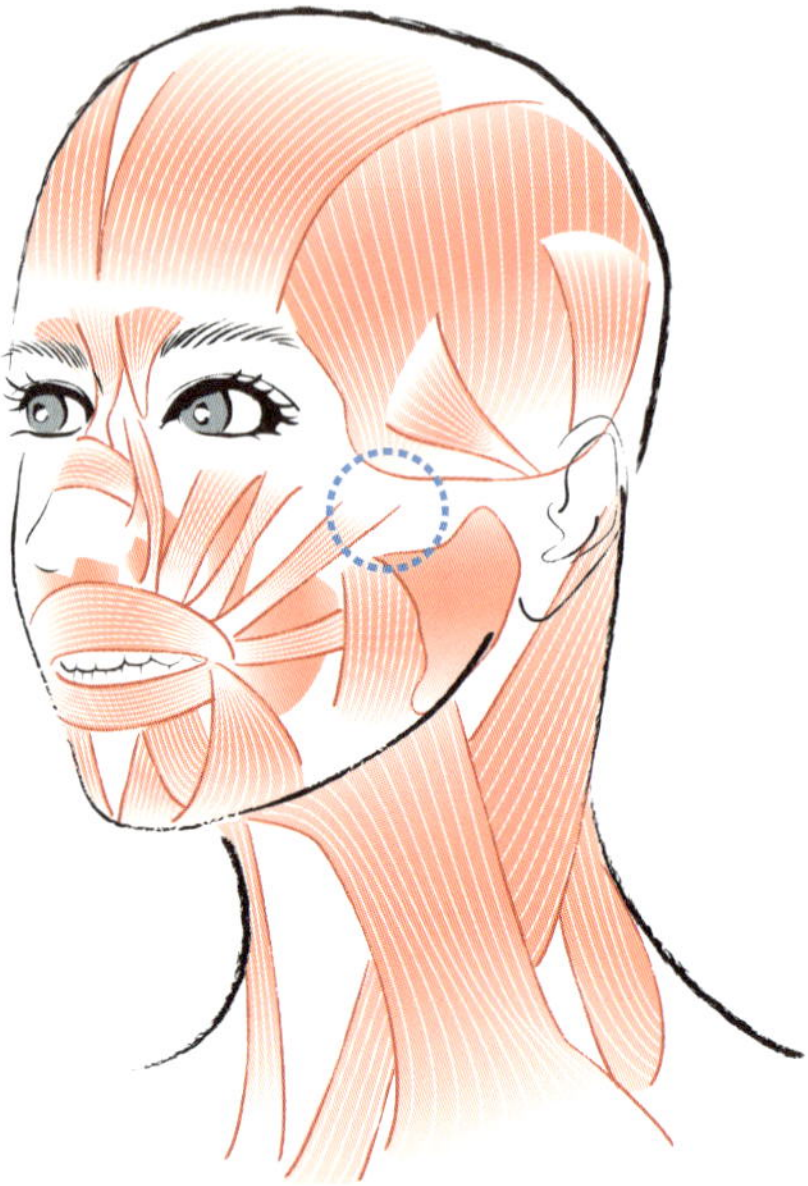

③ 頬骨《きょうこつ》リガメント

頬骨の一番高い位置の下部（目尻の斜め下）に、頬まわりを支える靭帯（リガメント）が。ここを鍛えることで、頬の筋肉がキュッと持ち上がり、ほうれい線やマリオネットラインが消え、フェイスラインをスッキリ細く見せてくれる効果も！ 下手に美容医療に手を出すよりも、かなりの若見え効果があるので、トレーニングを積み重ねて。

ほうれい線　**マリオネットライン**　**フェイスラインのたるみ**

01

頬骨下を軽く押さえ唇を締める基本ポーズ

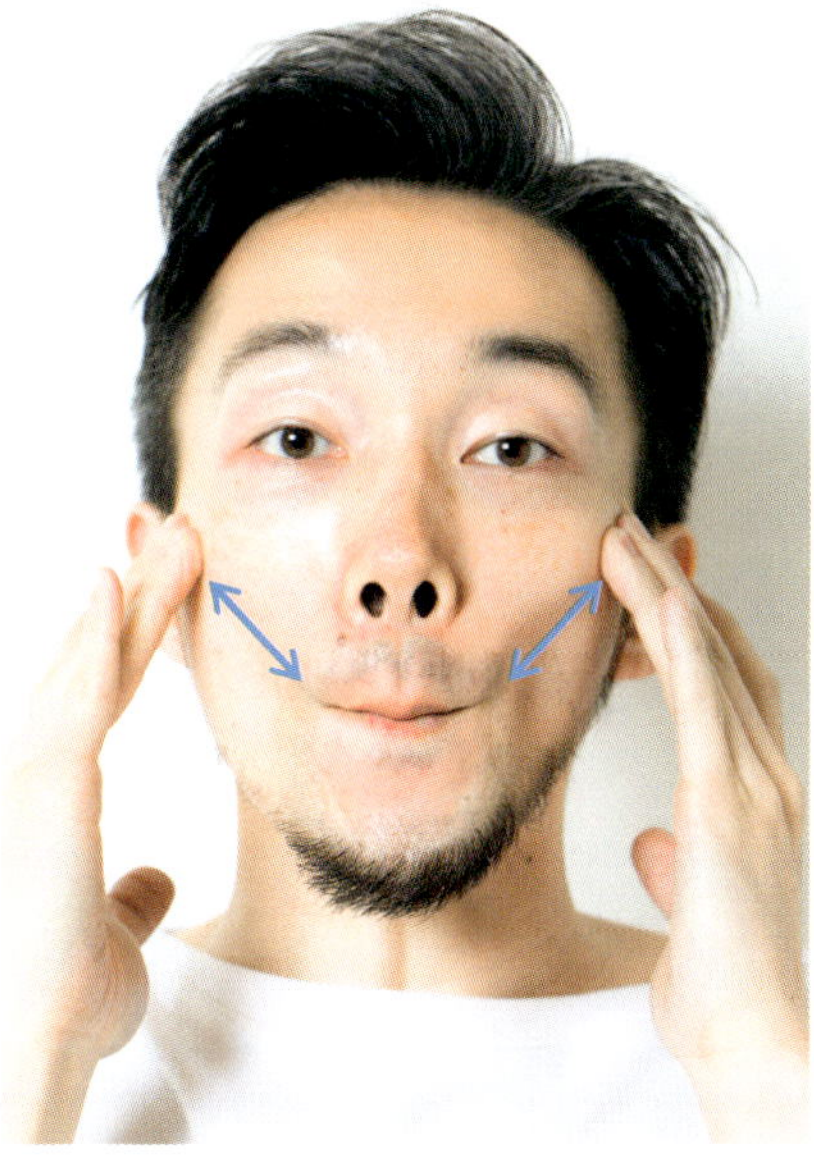

頬骨の一番高くなっている場所の下（目尻の斜め下部分）を薬指と中指で軽く押さえる。そのまま唇を締める基本ポーズに。頬骨下と唇が引っ張り合うのを意識。

02

さらに唇の吸う力を強くして負荷をかける

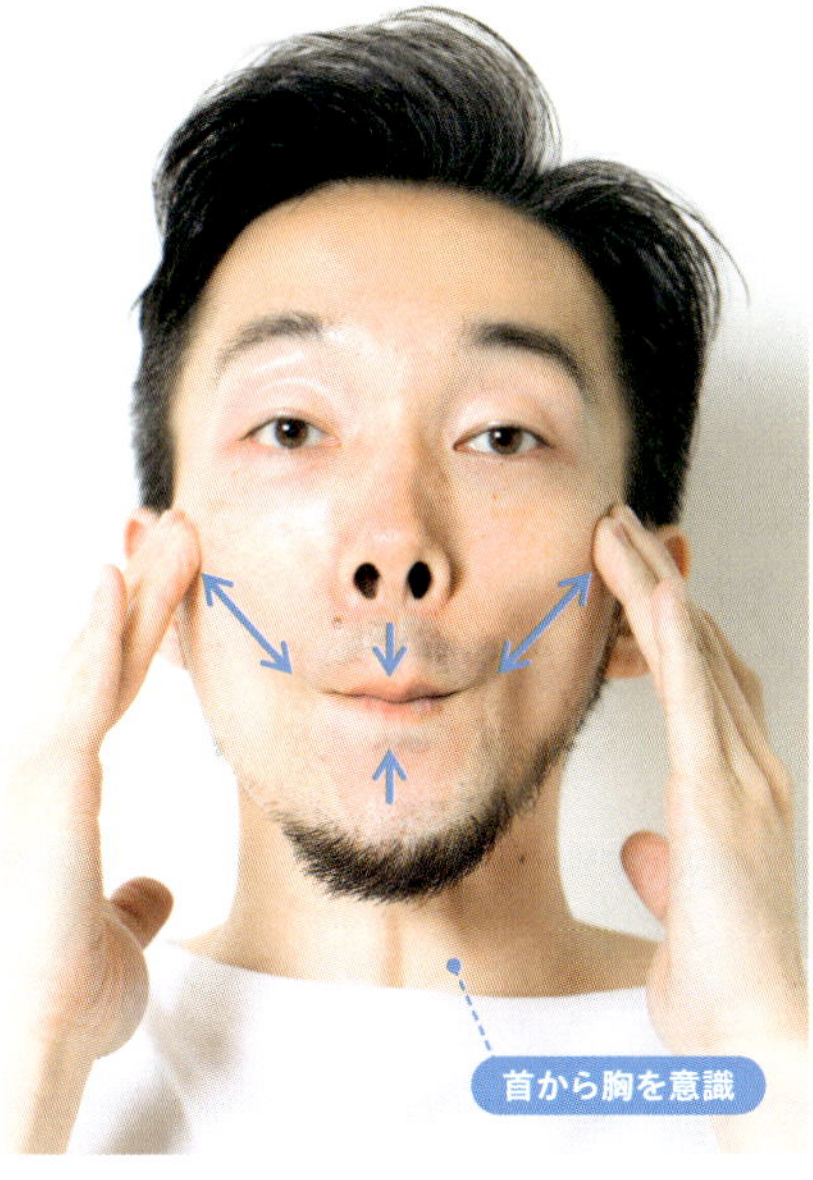

01のポーズのまま、唇の吸う力を強める。鼻の下など、顔がしっかり縦方向に伸びていることを意識して。このとき、鼻から呼吸をしながら、5秒キープ×5回。

KIMRA視点　力でゴリゴリしてもパフォーマンスは上がりにくい

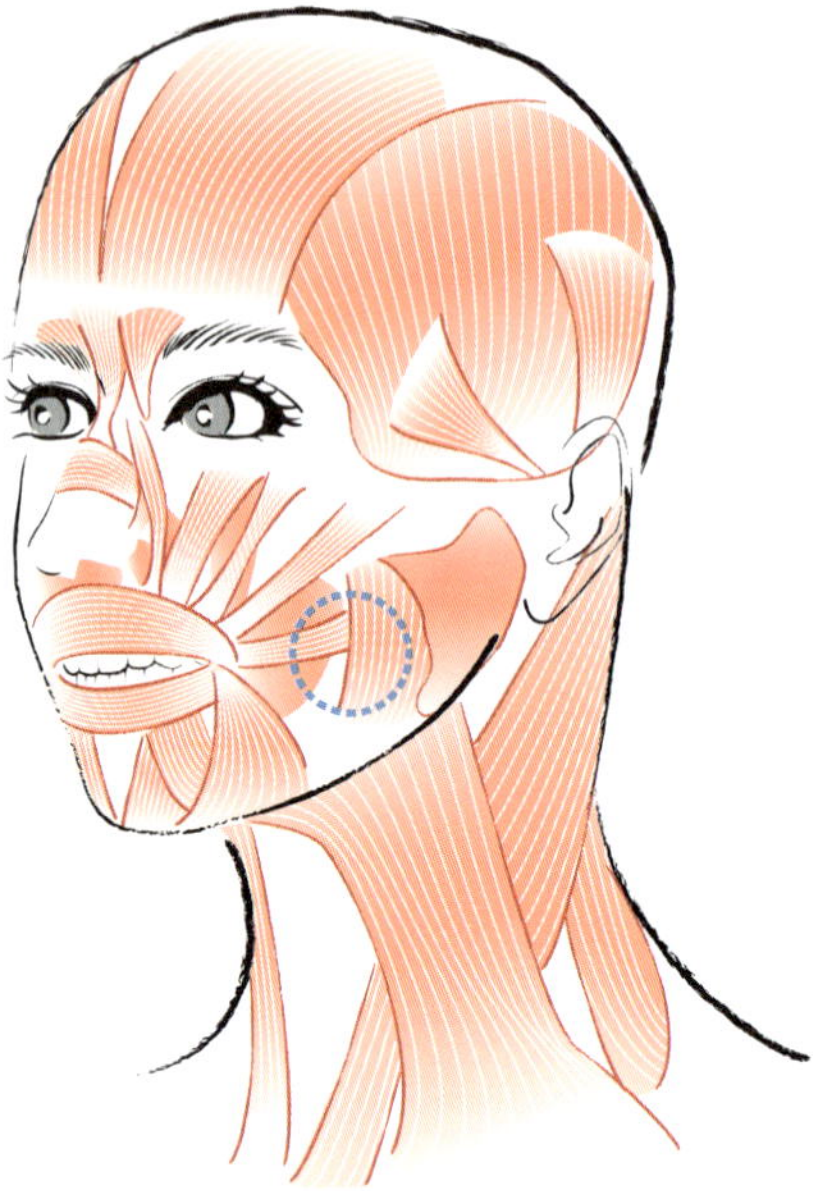

4 咬筋《こうきん》リガメント

噛むときに働く筋肉を支える咬筋。品を現す口まわりの筋肉に影響を与えたり、エラ張りや大顔をもたらす可能性もあるので、鍛えておいて損ナシ！ 場所が実はわかりにくいのですが、エラまわりを指で触りながら、奥歯を噛み締めてみて。このとき、ポコッと飛び出してくるのが咬筋なので、そこを軽く押さえながらのトレーニングを。

ほうれい線　エラ張り　噛み締め

01

エラ前の筋肉を軽く押さえて唇を締める

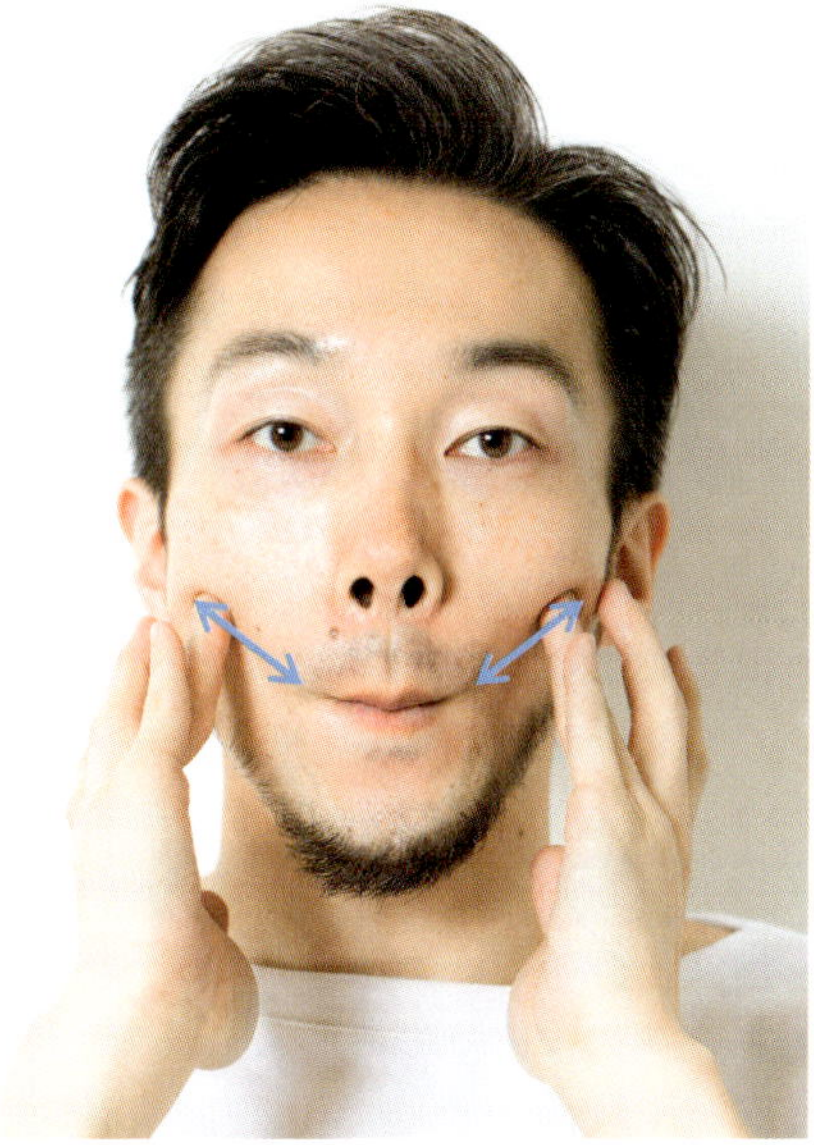

奥歯を噛み締めたときに、ポコッと飛び出るエラ前の筋肉を、薬指で軽く押さえる。そのまま唇を締める基本姿勢に。顔が縦方向にしっかり伸びているのを意識して。

02

そのまま姿勢で唇を思い切り吸い込む

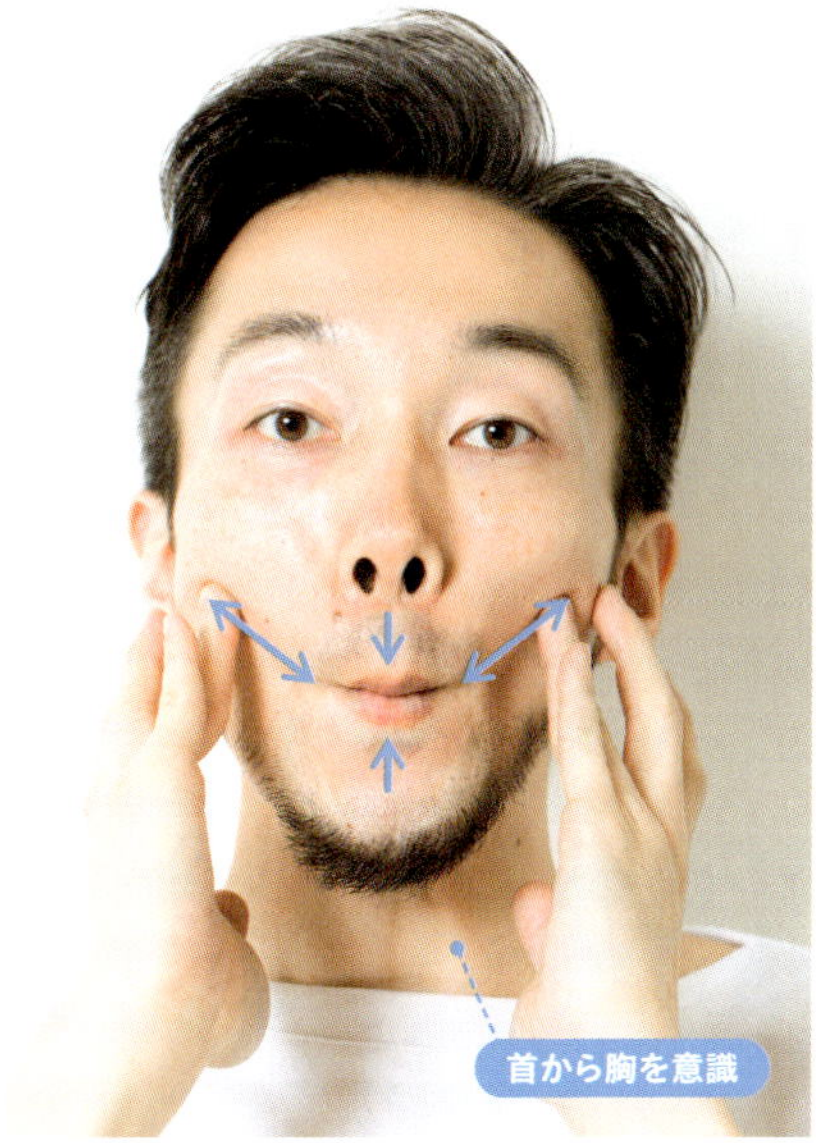

ストローを吸うようなイメージで、01のポーズのまま唇を思い切り吸い込む。このまま5秒キープ×5回繰り返して。呼吸は止めず、ゆっくりと鼻で深呼吸をして。

KIMRA視点　後頭部を意識して物を噛む。そして呼吸をする

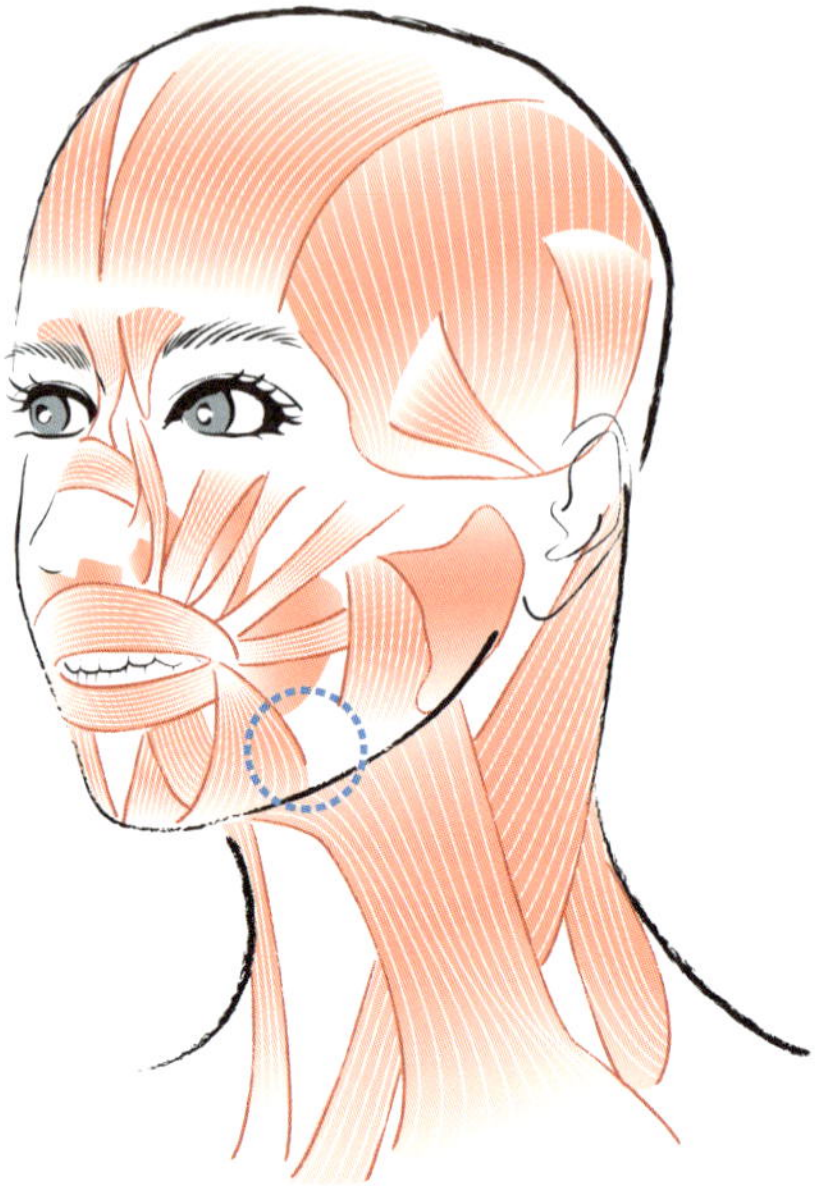

❺ 下《か》顎《がく》リガメント

口から耳にかけてのフェイスラインにある、下顎の靭帯（リガメント）。ここがたるんでしまうと、ゆるんだフェイスラインやマリオネットラインを目立たせてしまう原因に。首にも自然と力が入るので、フェイスラインだけでなく、デコルテのトレーニングにも。口元には品格が現れるので、ここをしっかり鍛えておいて損はナシ！

ほうれい線　マリオネットライン　フェイスラインのたるみ

01

口角の下を押さえながら唇締めの基本ポーズを

口角下のマリオネットライン部分を、中指と薬指で押さえる。そのまま、唇を締める基本ポーズに。このときも、きちんと鼻の下を伸ばし、顔が縦に伸びるのを意識して。

02

さらに唇に力を入れて思い切り吸い込む

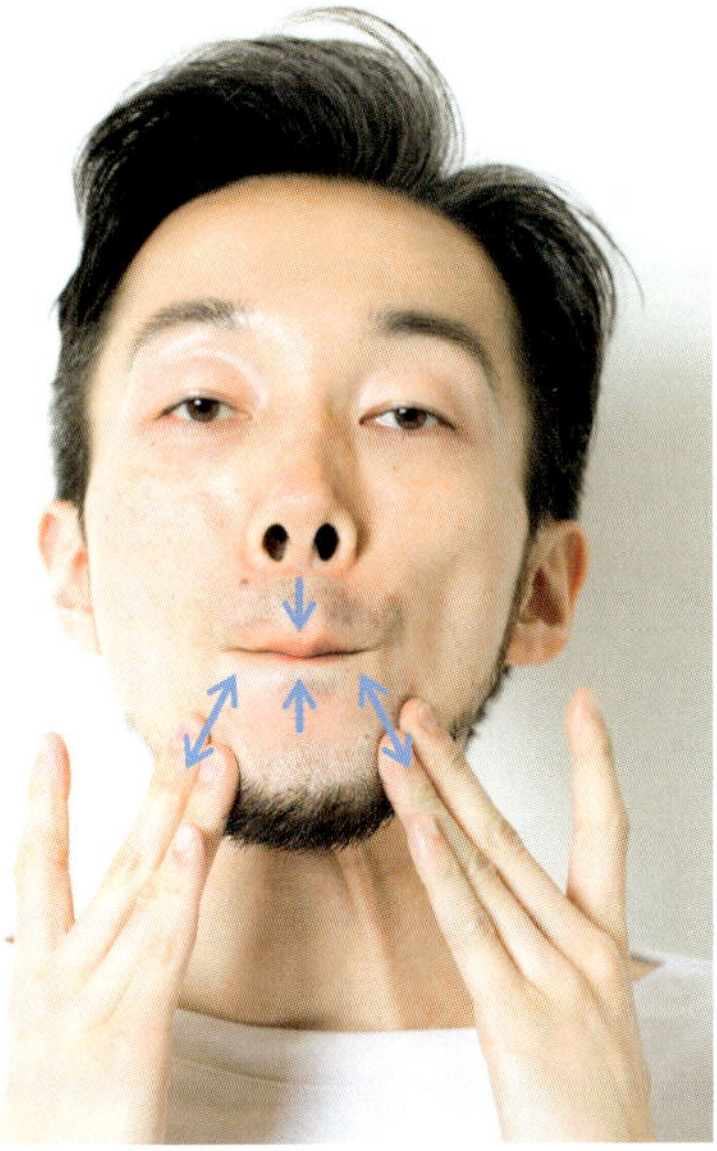

01の姿勢を取ったまま、ストローを吸うようなイメージで思い切り唇を吸い込む。このとき、首筋にもしっかり力を入れるように意識。デコルテも細くする効果アリ！

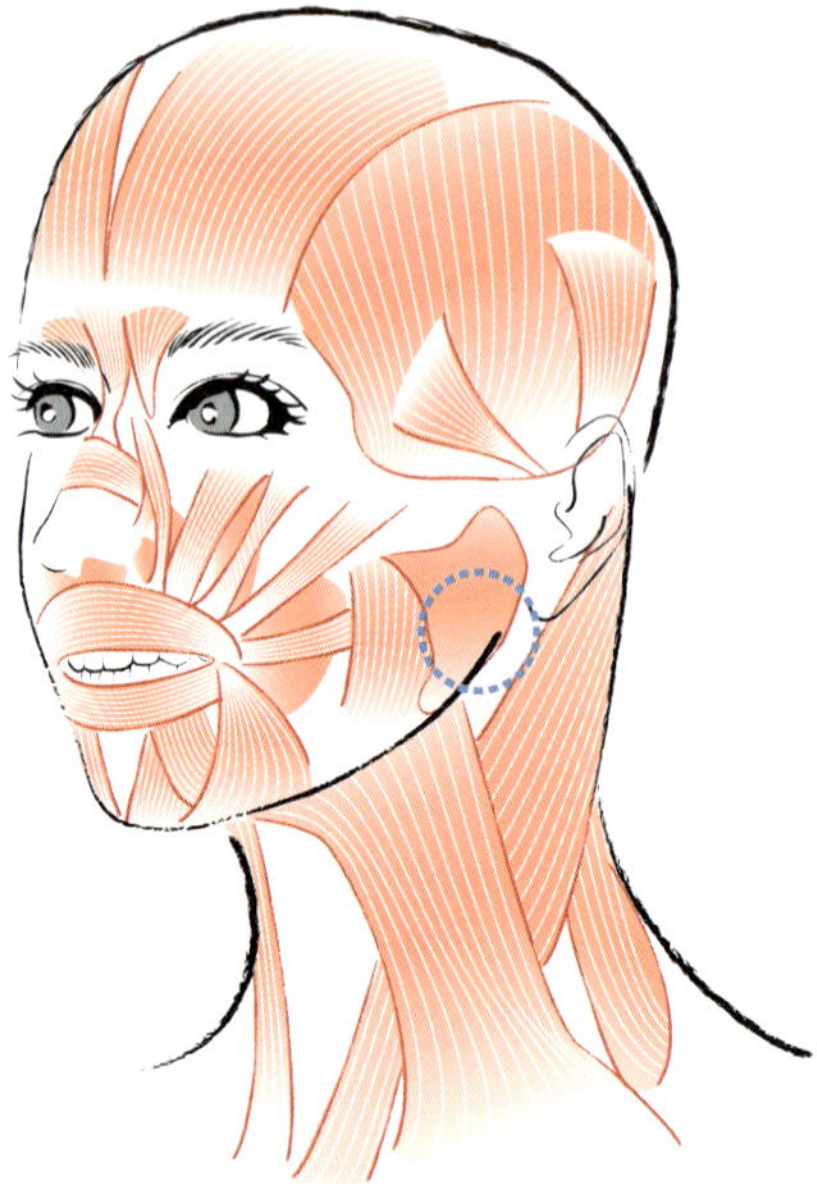

❻ 耳《じ》下《か》腺《せん》リガメント

耳の前下部にある唾液腺である、耳下腺。ここには大きな靭帯（リガメント）が存在します。美容医療で行う、フェイスリフト施術はこの部分から引き上げるように、キュッと引き締まったフェイスラインをキープするには欠かせない部分。ここを鍛えることで、加齢によるフェイスラインや口角のたるみを引き締め、若々しい表情に！

フェイスラインのたるみ　口角のたるみ　エラ張り

01

耳前の下部を押さえて そのまま唇を締める

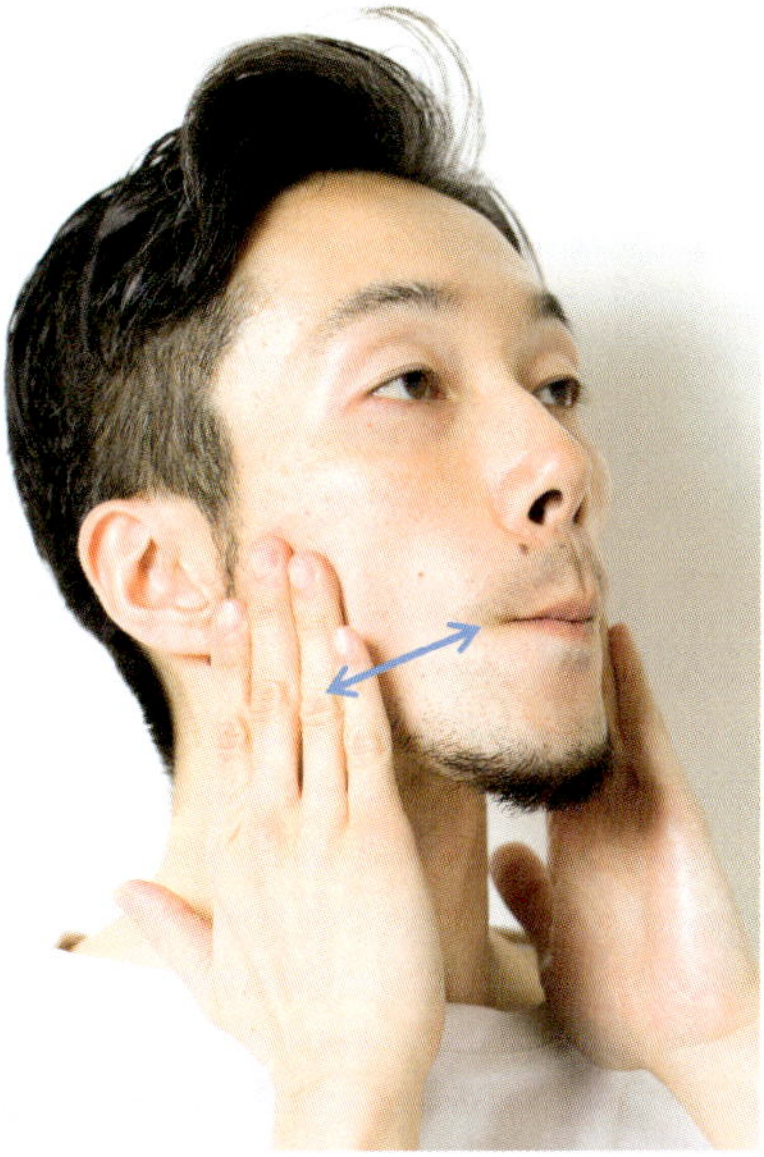

耳の前下部を親指以外の指で軽く押さえる。そのまま、あご先を軽く上げて唇を締める。このとき、唇と指で押さえた部分が引っ張り合っているのを意識して。

02

そのままのポーズで 唇をさらに締める

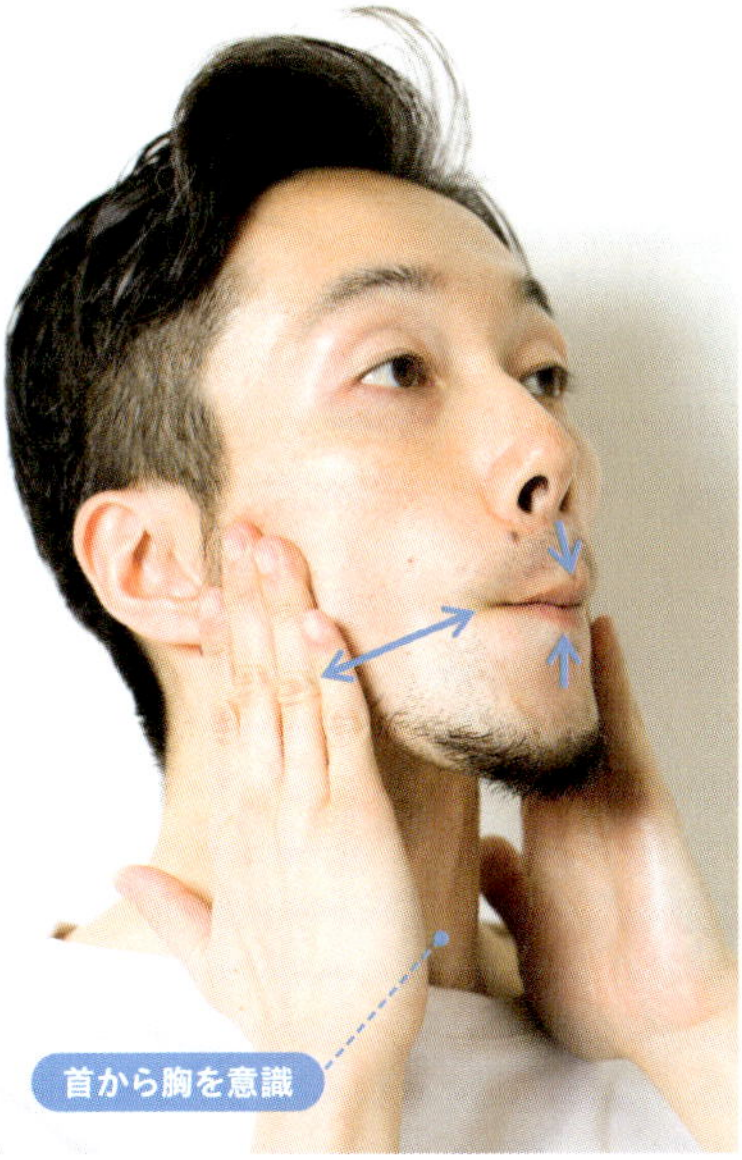

顔の脂肪から酸素を抜き取るようなイメージで、さらに唇を締める。このとき、デコルテにもしっかり力が入っているのを意識。5秒キープを5回繰り返す。

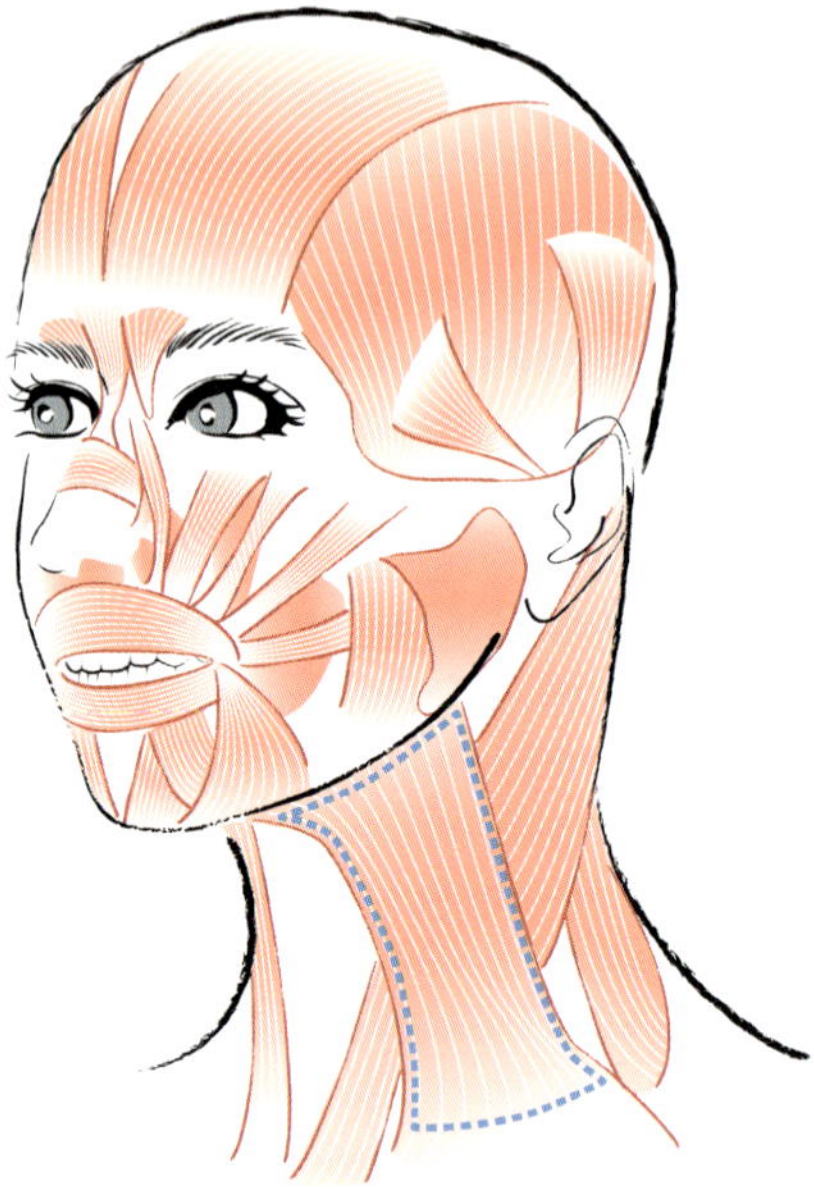

⑦ 広《こう》頸《けい》筋《きん》

口角を下に引っ張ったり、首や鎖骨の皮フを上に引き上げたりすることのできる筋肉。ここが衰えると、二重あごやフェイスラインのたるみを引き起こし、首が太く見えてしまうなんてことも。「いー」と言うときに、首の筋肉で動いた場所を押さえながら唇を締めるトレーニングを。

二重あご　フェイスラインのたるみ　太首

01

耳下を押さえながら唇を締めて胸を開く

耳下を手のひらの下部で押さえ、唇を締める。このとき、ひじをしっかり開くように意識することで、デコルテを鍛えるとともに、肩甲骨が開いて姿勢が正しくなる。

02

さらに唇を締めながら目の奥で呼吸をする

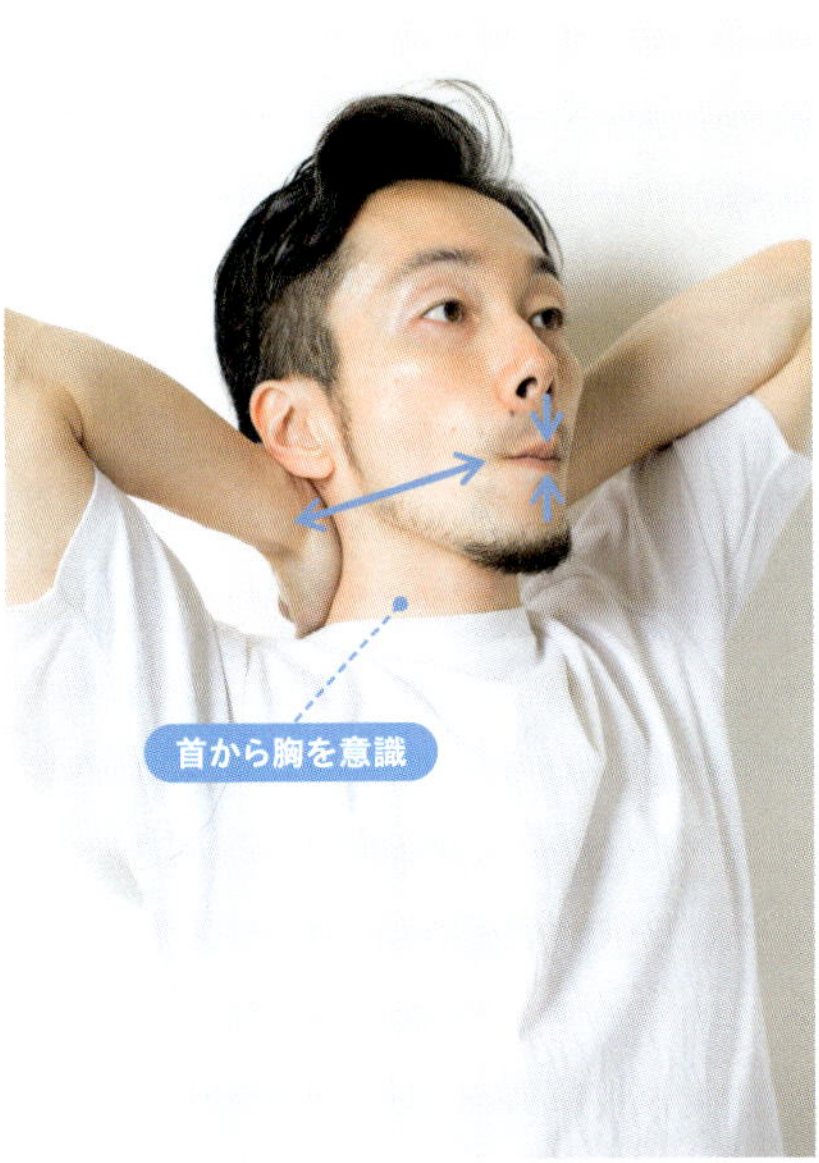

そのままの姿勢で、あご先を軽く上げ、唇をさらに吸い込む。これを5秒キープしながら5回繰り返す。このとき、しっかり目の奥から深呼吸をすることを意識して。

KIMRA視点　デコルテから上を美しくしたければ、まずは根本のデコルテから

良い笑顔・良い表情は筋肉次第

すべての感情は、喜び・悲しみ・怒り・驚きの4つの感情からなる、という考え方もあれば、それに不安と嫌悪を加えた6種類からなるという説もある。ただし、これはたいていどれかに当てはまるというだけであり、様々な感情が入り混じったり、曖昧なものになったりと、6種類だけという単純なものではありません。それゆえ、２１８５種類あるという研究結果を出した方もいます。

感情は地球上全ての文化に共通して見られ、顔の表情は言葉が繋がらなくとも、相手がどんな気持ちでいるのかは何となく伝わりますよね。でも、心から楽しいのに「怒ってるの?」と言われてしまったり、やる気満々なのに「眠いの?」と聞かれてしまうことってありませんか?

僕は学生時代、目が小さく目つきが悪かったので、「怒ってるの?」「眠いの?」「睨んでいるの?」など、度々言われてきました。これは、感情と表情とのギャップ。せっかくおしゃれをしても、好意的な感情を持っていても、前向きな気持ちであっても、全て相手へネガティヴに見えてしまうのは、とてももったいないこと。

例えば、1箇所だけ過緊張させる癖の場合。

- **眉間にシワを作りながら笑う→怒っているのか、嬉しいのかわからない。**
- **口角を下げながら笑う→愛想笑いなのか、悲しいのか、嬉しいのかわからない。**

普段から表情筋を意識しない人、または神経伝達の意識が低く、筋肉に動かない所がある場合。

- **口角だけ上がって目が笑っていない→すごく笑っているのに、目のまわりを動かすことが分からずウソ笑い、卑屈な笑いに感じさせてしまう。**
- **目は笑っているのに口角は全然動いていない→顔が大きく、老けて見える。悲しそうに見えてしまう。**

すべて、**表情筋の使い方・表情の癖の問題**であると言えます。

僕は顔のトレーナーではありますが、「笑い方」とか「口角の上げ方」などを指導することはほとんどありません。それは皆さんの経験やルーツによる感情に則って表情というのは出てくるものだからです。だから「笑い方」というものに、僕の価値観を押し付けることはありません。では僕が何をしているか？**どんな感情がきても、表情にリンクできるよう、ズレがないよう、顔全体にテンションや意識を張り巡らせておこう**という考え。皆さんが心からとっても嬉しい経験をしたときに、とびっきり素敵な笑顔が表現できるように。そして、相手へポジティブに感情が伝わるように、日頃から準備しておきましょう。

COLUMN

表情の不美人筋肉MAP

表情の間違った使い方で、無意識のうちに相手へネガティヴな
印象を与えてしまう可能性も！ 主に気をつけるべき4つの表情を紹介。

不満顔

口角を下方向へ引く口角下制筋。しかめっ面やふくれっ面、悲しみなどを表す。筋肉の弱まりによって筋肉が垂れ下がり、無意識で不満があるように見えることも。

▶▶ CHAPTER 3 へ

怒り顔

額にある小さな三角形の筋肉、鼻根筋と眉部分を走る皺眉筋。ここが収縮することで、眉間にシワが寄り怒り顔に。目を細めて遠くを見るときも、同じ表情に！

▶▶ CHAPTER 4 へ

軽蔑顔

上唇挙筋と口角挙筋という口角から上に伸びている短い筋肉。外側と内側に位置して、それぞれを収縮させることで、相手をバカにするときの挑戦的な表情に。

▶▶ CHAPTER 2 へ

上辺顔

笑筋という口角を横に引っ張る筋肉だが、眉も目も動かないため、心から笑っていないと思われてしまう。笑うときは、筋肉を横ではなく、縦へ動かすのを意識！

▶▶ CHAPTER 3 へ

EPILOGUE

「言われてみればそりゃそうだよな。でもなんか新しいよな」が、
僕が発信するときに心がけていること。「本質」と「少しの革新」です。

この本を手に取り、最後までお読みくださいましてありがとうございました。

いかがでしたでしょうか？ 今まで流行を作ってきた美容法やスキンケア、
小顔法などはどれも素晴らしいものです。

皆さんがやられてきたことはどれも無駄ではありません。

全て皆さんの感性やルーツとして身体にも顔にも刻まれている財産です。

この本に書かせて頂いたことは、誰よりもチャレンジされている美の最前線にいるお客様との長年に渡るセッションの中で、育てられてきた僕の財産です。

どんなお客様も、唇の話を理論的に伝えると「なるほど！ 考えてみたこともなかったけどそれはそうよね！ 目から鱗だわ！」と喜んで下さいます。

その喜びをもっと多くの方々に伝えたい。皆さんの顔への悩みに寄り添えるピースになりたい。そう思いながら、この本を書かせて頂きました。

この本がいつまでも皆さんに愛されるラストピースとなりますように。


最後に、この本を絶対に出した方がいいと、僕を信じてとっても推薦してくださったヘア＆メイクアップアーティストの河北裕介さん、快く受け入れてくださったワニブックスさん、初めての出版で何もわからない中、僕のこだわりの強い表現と向き合い素敵な本にしてくださった、編集長の一坊寺さん、ライターの谷口さん、デザイナーの菊池さん。カメラマンの永躰さん、イラストレーターのきくちさん、そしてここまで育ててくださった全てのお客様、顔の世界へのきっかけを作ってくださった清水ろっかん氏。顔の理論を叩き込んでくださった勝山浩尉智氏、並びに歴代の恩師の方々、家族、仲間たち。

誰一人欠けてもここに僕はいません。

本当にありがとうございました。

木村祐介

パーソナル・フェイストレーナー

木村《きむら》祐介《ゆうすけ》

1984年生まれ。
日本で唯一のパーソナル・フェイストレーナーとして、身体が本来持っている運動力学や機能解剖学を基にし、顔や姿勢を在るべき所へ自然に戻す、美と健康に特化したオリジナルメソッドを考案。現在はネイチャーボディハウスで、「美顔ワークアウト」を中心に施術を行っている。女優、モデルなどからの指名も多数。HP http://www.yusuke-kimura.info/
インスタグラムID kimura_yusuke

著者　木村祐介

モデル　soyu
撮影　永躰侑里
ヘアメイク　市川良子（吉野事務所）
イラスト　きくちりえ（Soft design）
装丁　菊池信恵（mim.d）
DTP協力　mint design
編集　谷口絵美
　一坊寺麻衣（ワニブックス）

『小顔 ワークアウト』

2018年 5月10日　初版発行
2018年 7月20日　2版発行
発行者　横内正昭
発行所　株式会社ワニブックス
〒150-8482　東京都渋谷区恵比寿4-4-9　えびす大黒ビル
TEL　03-5449-2711（代表）　03-5449-2713（編集）
印刷所　凸版印刷株式会社

ISBN 978-4-8470-9659-4

ワニブックスのホームページ
http://www.wani.co.jp/